Wümme-Radweg

Von der Lüneburger Heide in die Hansestadt Bremen

Ein original *bikeline*-Radtourenbuch

Esterbauer

bikeline®-Radtourenbuch Wümme-Radweg

A-3751 Rodingersdorf, Hauptstr. 31
Tel.: +43/2983/28982-0, Fax: -500
E-Mail: bikeline@esterbauer.com
www.esterbauer.com
1. Auflage 2008
ISBN: 978-3-85000-237-0

Bitte geben Sie bei jeder Korrespondenz die Auflage und die ISBN an!

Erstellt in Zusammenarbeit mit dem Touristikverband Landkreis Rotenburg (Wümme) e.v. Geschäftsführer Udo Fischer.

Dank an alle, die uns bei der Erstellung dieses Buches tatkräftig unterstützt haben.
Das *bikeline*-Team:
Birgit Albrecht, Heidi Authried, Beatrix Bauer, Michael Bernhard, Michael Binder, Veronika Bock, Karin Brunner, Nadine Dittmann, Sandra Eisner, Roland Esterbauer, Angela Frischauf, Dagmar Güldenpfennig, Carmen Hager, Karl Heinzel, Heidi Huber, Peter Knaus, Martina Kreindl, Sonja Landauer, Niki Nowak, Julia Pelikan, Petra Riss, Erik Schmidt, Gaby Sipöcz, Matthias Thal, Wolfgang Zangerl.

Umschlagbilder: Wümme-Radweg; Arbeitsgemeinschaft Wümme-Radweg, J.Märker, Lüneburger Heide: Schneverdingen Touristik; Bremer Stadtmusikanten: Bremer Touristik Zentrale.
Bildnachweis: Arbeitsgemeinschaft Wümme-Radweg: 25, 44, 56; Arbeitsgemeinschaft Wümme-Radweg, C. Höfelmeyer: 56; Arbeitsgemeinschaft Wümme-Radweg, H. Gehnke: 18, 20; Arbeitsgemeinschaft Wümme-Radweg, Junge: 77; Arbeitsgemeinschaft Wümme-Radweg, R. Lubricht: 57; Arbeitsgemeinschaft Wümme-Radweg, Wöhlke: 11; Bremen Touristik Zentrale: 66, 68; Heidi Authried: 13, 15, 23, 24, 26, 40, 42, 50, 52, 60, 72, 74, 76, 78, 80; Heidi Huber: 34; Schneverdingen Touristik: 32, 36, 37; Touristikverband Landkreis Rotenburg (Wümme): 7, 16, 22; Udo Fischer: 46

Kartografie erstellt mit axpand
(www.axes-systems.com)

Dieses Buch wird empfohlen von:

Wümme-Radweg

Trekkingbike

VCS • VCÖ • VCD
Verkehrsclubs

FDNF Fahrradtouristik GbR

Naturfreunde Österreich

bikeline

Was ist bikeline?

Wir sind ein Team von Redakteuren, Kartografen, Geografen und anderen Mitarbeitern, die allesamt begeisterte Radfahrerinnen und Radfahrer sind. Ins „Rollen" gebracht hat das Projekt 1987 eine Wiener Radinitiative, die begonnen hat Radkarten zu produzieren. Heute tun wir dies als Verlag mit großem Erfolg. Mittlerweile gibt's bikeline® und cycline® Bücher in fünf Sprachen und in vielen Ländern Europas.

Um unsere Bücher immer auf dem letzten Stand zu halten, brauchen wir auch Ihre Hilfe. Schreiben Sie uns, wenn Sie Unstimmigkeiten oder Änderungen in einem unserer Bücher entdeckt haben.

Wir freuen uns auf Ihre Rückmeldung (redaktion@esterbauer.com),

Ihre bikeline-Redaktion

Vorwort

Freuen Sie sich auf gemütliches Radwandern entlang der Wümme! Der bestens ausgeschilderte Flussradweg führt entlang von weiten Deichen, blühenden Heideflächen und verträumten Aulandschaften. Reizvolle Städte wie Rotenburg an der Wümme oder Schneverdingen, ein bewohntes Museumsdorf mitten in der Lüneburger Heide und zahlreiche historische Gutshöfe, wo Sie jederzeit für eine Rast willkommen sind, finden Sie auf dieser idealen Erholungstour für die ganze Familie. Und wenn Sie möchten, können Sie auch gerne Pedale gegen Paddel tauschen und per Kanu oder Torfkahn die Wümme und ihre wunderschöne Moorlandschaft erkunden.

Präzise Karten, genaue Streckenbeschreibungen, zahlreiche Stadt- und Ortspläne, Hinweise auf das kulturelle und touristische Angebot der Region und ein umfangreiches Übernachtungsverzeichnis – in diesem Buch finden Sie alles, was Sie zu einer Radtour entlang der Wümme brauchen – außer gutem Radlwetter, das können wir Ihnen nur wünschen.

Kartenlegende

Radrouten

Hauptroute, wenig KFZ-Verkehr
- asphaltiert (main cycle route, low motor trafic)
- nicht asphaltiert (main cycle route, unpaved road)
- schlecht befahrbar (main cycle route, bad surface)

Radweg / Hauptroute, autofrei
- asphaltiert (cycle path, without motor traffic, paved road)
- nicht asphaltiert (cycle path, unpaved road)
- schlecht befahrbar (cycle path, bad surface)

Ausflug od. Variante
(excursion or alternative route, low motor traffic)
- asphaltiert (excursion or alternative route, paved road)
- nicht asphaltiert (excursion, unpaved road)
- schlecht befahrbar (excursion, bad surface)

Ausflug od. Variante, autofrei / Radweg
(excursion or alternative route, without motor traffic /cycle path)
- asphaltiert (excursion or alternative route, paved road)
- nicht asphaltiert (excursion, unpaved road)
- schlecht befahrbar (excursion, bad surface)

- sonstige Radrouten
- Radweg in Planung (planned cycle path)

KFZ-Verkehr (vehicular traffic)

- Radroute auf mäßig befahrener Straße (cycle route with moderate motor traffic)
- Radroute auf stark befahrener Straße (cycle route with heavy motor traffic)
- Radfahrstreifen (cycle lane)
- mäßig befahrene Straße (road with motor traffic)
- stark befahrene Straße (road with heavy motor traffic)

Steigungen / Entfernungen (gradient / distance)

- starke Steigung (steep gradient, uphill)
- leichte bis mittlere Steigung (light gradient)
- 3 Entfernung in Kilometern (distance in km)
  Durch Rundung auf halbe Kilometer können Differenzen zu den tatsächlich gefahrenen Kilometern entstehen.
- Routenverlauf (cycle route direction)

Radinformationen

- Fahrradwerkstatt* (bike workshop*)
- Fahrradvermietung* (bike rental*)
- überdachter Abstellplatz* (covered bike stands*)
- abschließbarer Abstellplatz* (lockable bike stands*)
- Gefahrenstelle (dangerous section)
- Text beachten (read text carefully)
- Treppe* (stairs*)
- Engstelle* (narrow pass, bottleneck*)

Nur in Ortsplänen

- P Parkplatz* (parking lot*)
- Parkhaus* (garage*)
- Post* (post office*)
- Apotheke* (pharmacy*)
- H Krankenhaus* (hospital*)
- F Feuerwehr* (fire-brigade*)
- Polizei* (police*)
- Theater* (theatre*)

Maßstab 1 : 50.000

1 cm ≙ 500 m   1 km ≙ 2 cm

0   1   2   3   4   5   6   7   8   9   10 km

Wichtige bzw. sehenswerte thematische Informationen

Schönern sehenswertes Ortsbild (picturesque town)
Einrichtung im Ort vorhanden (facilities available)
Hotel, Pension (hotel, guesthouse)
Jugendherberge (youth hostel)
Campingplatz (camping site)
Naturlagerplatz* (simple tent site*)
Tourist-Information (tourist information)
Einkaufsmöglichkeit* (shopping facilities*)
Kiosk* (kiosk*)
Gasthaus (restaurant)
Rastplatz* (resting place*)
Unterstand* (covered stand*)
Freibad (outdoor swimming pool)
Hallenbad (indoor swimming pool)
Kirche, Kloster (church, monastery)
Schloss, Burg (palace, castle)
Ruine (ruins)
Museum (museum)
Ausgrabungen (excavation)
andere Sehenswürdigkeit (other place of interest)
Tierpark (zoo)
Naturpark (nature reserve)
Aussichtspunkt (panoramic view)
Fähre (ferry)

Topographische Informationen

Kirche (church)
Kapelle (chapel)
Kloster (monastery)
Schloss, Burg (castle)
Ruine (ruins)
Turm (tower)
Funk- und Fernsehanlage (TV/radio tower)
Kraftwerk (power station)
Umspannwerk (transformer)
Windmühle (windmill)
Windkraftanlage (windturbine)
Wegkreuz (wayside cross)
Gipfel (peak)
Bergwerk (mine)
Leuchtturm (lighthouse)
Sportplatz (sports field)
Denkmal (monument)
Flughafen (airport, airfield)
Schiffsanleger (boat landing)
Quelle (natural spring)
Kläranlage (purification plant)

Staatsgrenze (international border)
Landesgrenze (country border)
Kreisgrenze, Bezirksgrenze (district border)
Wald (forest)
Felsen (rock, cliff)
Vernässung (marshy ground)
Weingarten (vineyard)
Friedhof (cemetary)
Watt (shallows)
Dünen (dunes)
Gletscher (glacier)
Damm, Deich (embankment, dyke)
Staumauer (dam, groyne)
Autobahn (motorway)
Hauptstraße (main road)
untergeordnete Hauptstraße (secondary main road)
Nebenstraße (minor road)
Fahrweg (carriageway)
Fußweg (footpath)
Straße in Bau (road under construction)
Eisenbahn m. Bahnhof (railway with station)
Schmalspurbahn (narrow gage railway)

Inhalt

Wümme-Radweg

Einmal Lüneburger Heide und zurück – so oder so ähnlich führt Sie der Wümme-Radweg durch die Norddeutsche Tiefebene, ganz wie Sie möchten. Denn durch den Rundkurs können Sie wählen, ob Sie am nördlichen oder südlichen Ufer der Wümme entlang radeln, ob Sie in Rotenburg (Wümme) oder in Bremen starten oder ob Sie einfach nur ein Teilstück des Radweges fahren möchten. Durch den gut beschilderten Rundkurs mit einigen Abkürzungsmöglichkeiten kann jeder die Tour nach seinen ganz persönlichen Wünschen zusammenstellen.
In diesem Buch finden Sie das gesamte Radwegenetz des Wümme-Radweges mit Startpunkt in Rotenburg (Wümme). Zunächst verläuft die Route Richtung Lüneburger Heide, wo die Wümme nahe des Wilseder Berges auch entspringt. Auf der Nordroute geht es danach durch typische, kleine Dörfer – Ruhe und herrliche Heidelandschaft sind hier Ihre Begleiter. Über Lauenbrück, Ottersberg und Lilienthal führt der Wümme-Radweg über Ritterhude, wo sich die Wümme mit der Hamme zur Lesum vereint, bis nach Bremen/Vegesack, hier mündet letztere schließlich in die Weser. Wer möchte, kann hier einen Abstecher in die schöne Hansestadt Bremen machen, bevor Sie auf der Südroute zwischen Heide- und Auenlandschaft wieder Richtung Rotenburg (Wümme) radeln.

Zwei Besonderheiten seien hier noch kurz erwähnt: Zum Ersten finden Sie entlang der Strecke zahlreiche Partner-Betriebe des Wümme-Radweges, die besonders fahrradfreundlich ausgestattet sind. Diese Betriebe wurden von uns durch das blaue Wümme-Radweg-Logo im Übernachtungsverzeichnis (s. S. 84) gekennzeichnet. Zum Zweiten werden an mehreren Plätzen Kanu- und Torfkahnfahrten angeboten, die ein ganz besonderes Erlebnis direkt auf der Wümme bieten.

Streckencharakteristik

Länge

Die Gesamtlänge des Hauptradweges beträgt rund **260 Kilometer**. Zusätzlich finden Sie mehr als 50 Kilometer an Varianten in diesem Buch.

Wegequalität & Verkehr

Der Wümme-Radweg ist in den letzten Jahren sehr gut ausgebaut worden, der überwiegende Teil der Route verläuft auf asphaltierten Radwegen und ruhigen Landstraßen.

Im Naturschutzgebiet Lüneburger Heide radeln Sie auf unbefestigten Wald- und Feldwegen, die an einigen wenigen Stellen – vor allem nach Regentagen – nur schwierig zu befahren sind. Im Routentext wird auf diese Wege noch einmal speziell hingewiesen.

Der Großteil des Wümme-Radweges verläuft autofrei bzw. auf verkehrsberuhigten Straßen. Lediglich in Rotenburg (Wümme) und in Schneverdingen müssen Sie mit etwas mehr Verkehr rechnen.

Beschilderung

Die weißen Schilder mit dem hellblauen Wümme-Zeichen sind für das Befahren in beide Richtung angebracht. Der Wümme-Radweg ist gut ausgeschildert, abgesehen von den Wegen im Naturschutzgebiet Lüneberger Heide. In diesem Bereich ist die Beschilderung aufgrund rechtlicher Bestimmungen nicht möglich. Als grundlegende Wegweiser finden Sie im Naturschutzgebiet einerseits alte Holzschilder, andererseits können Sie sich an den großen Steinen an wichtigen Kreuzungen orientieren, wo meist der nächste Ort samt Richtungspfeil eingemeißelt wurde.

Tourenplanung

Wichtige Telefonnummern:

Internationale Vorwahl für Deutschland: 0049

Zentrale Infostellen

Arbeitsgemeinschaft Wümme-Radweg, www.wuemme-radweg.de info@wuemme-radweg.de

Touristikverband Landkreis Rotenburg (Wümme), Am Pferdemarkt 1, D-27356 Rotenburg (Wümme), ✆ 04261/81960, www.TouROW.de

Lüneburger Heideland Touristik GmbH, Am Steinberg 2, D-21271 Hanstedt, ✆ 04184/85050,

www.lueneburger-heideland.de
Schneverdingen Touristik, Rathauspassage 18, D-29640 Schneverdingen, ✆ 05193/93800, www.schneverdingen-touristik.de
Bispingen-Touristik, Borsteler Str. 6, D-29646 Bispingen, ✆ 05194/39850, www.bispingen-touristik.de
Flecken Ottersberg, Grüne Str. 24, D-28870 Ottersberg, ✆ 04205/31700, www.ottersberg.de
Gemeindeverwaltung Oyten, Hauptstr. 55, D-28876 Oyten, ✆ 04207/91400, www.oyten.de
Gästeinformation für Worpswede und das Teufelsmoor, Bergstr. 13, D-27726 Worpswede, ✆ 04792/935820, www.kulturland-teufelsmoor.de
Bremer Touristik-Zentrale GmbH, Findorffstr. 105, D-28215 Bremen, ✆ 01805/101030 (€ 0,14/Min.), www.bremen-tourismus.de
Auch Anlaufstelle zur Buchung radlerfreundlicher Unterkünfte in Bremen und Umgebung.

Anreise & Abreise

Mit der Bahn

Informationsstellen:
Radfahrer-Hotline Deutschland: ✆ 01805/151415 (€ 0,14/Min.), Mo-So 8-20 Uhr, Infos über Fahrradmitnahme, -vermietung oder -versand
Einen 24-Stunden-Service bietet die Bahn unter ✆ 01805/996633
ReiseService: ✆ 11861 (€ 0,03/Sek., ab Weiterleitung zum ReiseService € 0,39/angef. Min.), Mo-So 0-24 Uhr, Auskünfte über Zugverbindungen, Fahrpreise im In- und Ausland, Buchung von Tickets und Reservierungen. www.bahn.de.
Automatische DB-Fahrplanauskunft: ✆ 0800/1507090 (gebührenfrei)
Österreichische Bundesbahnen: CallCenter ✆ 05/1717 (österreichweit zum Ortstarif) www.oebb.at
Hermes-Privat-Service: (✆ 0900/1311211 € 0,60/Min.), www.hermes-logistik-gruppe.de
Unter der Rubrik „Paketservice" erfahren Sie

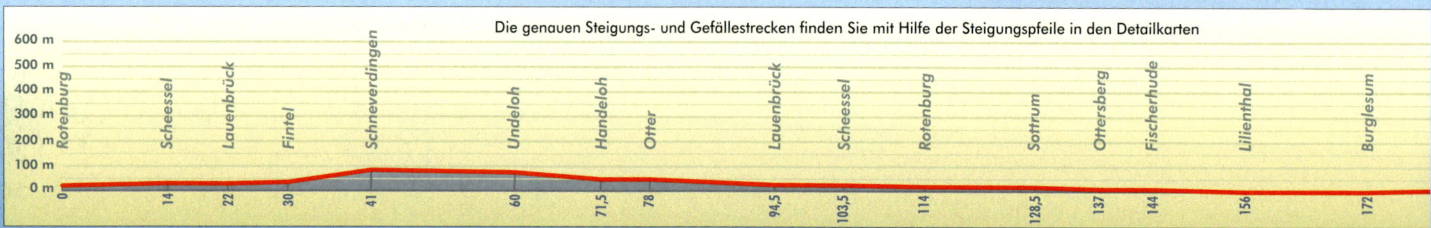

die genauen Zustellzeiten und die aktuellen Preise.

Der Ausgangsort des Wümme-Radweges, die Stadt Rotenburg (Wümme), können Sie bequem per Bahn erreichen. Vom Hauptbahnhof Hamburg fahren stündlich Züge nach Rotenburg, man benötigt dafür rund 50 Minuten. Auch von Bremen aus ist Rotenburg in 20 Minuten leicht erreichbar und dies mehrmals pro Stunde. Für die Strecke Hannover – Rotenburg (Wümme) bietet die Deutsche Bahn als schnellste Verbindung 1 Stunde 20 Minuten, manche Verbindungen dauern bis zu 2 Stunden.

Fahrradtransport:

In Deutschland: Es gibt täglich mehrere Abfahrten von verschiedenen deutschen Bahnhöfen mit Fernverkehrszügen, viele davon bieten den Service der Fahrradmitnahme an. Diese Züge sind in Fahrplänen, Kursbüchern etc. entsprechend gekennzeichnet.

In vielen **InterCity- und Euro-City-Zügen** ist der Transport im Tagesreiseverkehr problemlos. Im **UrlaubsExpress (UEx)** und im **DB NachtZug (NZ)** ist die Mitnahme auf den meisten Linien ebenfalls möglich (gegen Kauf einer Fahrradkarte). Eine Stellplatzreservierung ist erforderlich, diese ist kostenlos.

Die **CityNightLine** bietet auf allen Linien eine Fahrradbeförderung an. Räder aller Art werden (auch ohne spezielle Verpackung) gegen einen Preis von € 10,– (innerdeutsch € 9,–, für BahnCard-Besitzer € 6,–) mitgenommen. Ausnahme: Tandemräder nur auf Anfrage und für Fahrradanhänger müssen Sie einen eigenen Stellplatz buchen. Die Reservierung ist kostenlos, muss jedoch im Voraus erfolgen.

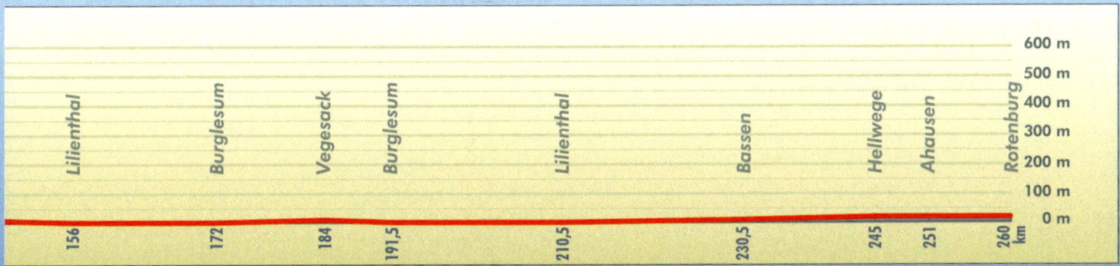

Die Fahrradmitnahme ist auch problemlos von der Schweiz oder Österreich nach Deutschland möglich

Fahrradversand: **In Deutschland** funktioniert der Versand über den KurierGepäck-Service. Er bringt Ihr Fahrrad und auch das andere Gepäck, von Haus zu Haus, d. h. Sie benötigen für die Abholung und Zustellung eine Privatadresse. Dieser Service kann vor der Hinreise bei allen DB-Verkaufsstellen gebucht werden. Für die Rückreise ist dies in Österreich unter ✆ 07229/864810 (gebührenpflichtig) möglich. Preis von Deutschland nach Österreich € 31,–, ab dem dritten Rad € 25,–. Der Rückreisetransport kann aber auch schon beim Kauf des Hintransportes mitgebucht werden. Die Zustellung erfolgt innerhalb von Deutschland binnen zwei Werktagen. Das KurierGepäck-

Ticket kaufen Sie am besten gleich mit Ihrer Fahrkarte oder Sie bestellen es beim Hermes-Privat-Service (s. Infostellen).

Sonderräder, wie Tandems, Liege- oder Dreiräder können wegen ihrer größeren Abmessungen nicht transportiert werden. Zustellung bzw. Abholung: Mo-Fr 8-18 Uhr (Spätservice 17-21 Uhr), Sa 8-18 Uhr.

Bei Abholung muss das Fahrrad transportgerecht verpackt sein. Der Kurierfahrer bringt Ihnen auf Wunsch eine Mehrwegverpackung zum Preis von € 5,10 gerne mit.

KurierGepäck-Preise innerhalb Deutschlands:

erstes und zweites Rad	je € 24,90
drittes und viertes Rad	je € 18,90
(bei gleicher Abhol- und Lieferadresse)	
Aufpreis für Spätservice	€ 6,30

Wenn Sie Ihr Fahrrad mit dem Hermes-Privat-Service unabhängig von einem Bahnticket versenden möchten, dann kostet das € 39,90.

Der Fahrradversand wird auch in die Länder Luxemburg, Österreich, Schweiz und nach Südtirol angeboten.

Für den internationalen Zugverkehr zwischen Deutschland und Österreich benötigen Sie eine Internationale Fahrradkarte zum Preis von € 10,–.

An- und Abreise mit dem Auto

Rotenburg (Wümme) ist bestens mit dem Auto erreichbar. Von Norden über die B 75 oder die B 71, von Süden über die B 215 oder B 440. Startet man beispielsweise in Hamburg, so fährt man mit dem Auto rund eine Stunde, von Bremen aus ca. 45 Minuten und von Hannover benötigt man ungefähr 1 Stunde 15 Minuten bis nach Rotenburg (Wümme).

Rad & Bahn

Eine hilfreiche, interaktive Fahrplankarte für Bahn und Bus entlang des Wümme-Radweges finden Sie unter www.vcd.org/nds/fahrplankartenew. Hier können Sie alle Haltestellen auf einen Klick abrufen.

Ein ganz spezielles Angebot bietet der **„metronom"**. Dieser schnelle Regionalzug, markant in den Farben Gelb, Weiß und Blau, verbin-

det im Stundentakt unter anderem die Städte Hamburg und Bremen. Relevante Stationen für den Wümme-Radweg sind dabei nicht nur die beiden Großstädte, sondern auch Lauenbrück, Scheeßel und Rotenburg (Wümme).
Durch eine eigene Rampe sind die Züge des „metronoms" bestens für Fahrradmitnahme geeignet. Eine Reservierung für Fahrradgruppenstellplätze ist vor allem in den Sommermonaten empfehlenswert, denn nur so kann auch ein Platz garantiert werden. Als Fahrradgruppe gilt man, sobald mindestens sechs Personen mit sechs Fahrrädern reisen. Wichtig bei der Reservierung ist, dass diese mindestens drei Tage vor Reiseantritt und falls die Reise auf ein Wochenende fällt, bis Mittwoch um 12 Uhr getätigt wird.
Details dazu finden Sie unter www.der-metronom.de oder direkt bei der Infostelle in Uelzen:
metronom Eisenbahngesellschaft mbH, St.-Viti-Str. 15, D-29525 Uelzen, ✆ 0581/97164-31

Kanu-Einstiegsstelle bei Rotenburg

Rad & Bus

Im Naturschutzgebiet Lüneburger Heide gibt es die Möglichkeit, kostenlos mit dem eigens eingerichteten **Heide-Shuttle** mitzufahren. Vom 15. Juli bis zum 15. Oktober verkehren auf insgesamt drei verschiedenen Ringlinien Busse mit eigenen Fahrradanhängern. Zwischen 8.30 Uhr und 19.30 Uhr werden die Orte 6 bis 8 Mal pro Tag angefahren.
Zwei der drei Linien sind für den Wümme-Radweg interessant:
Ring 1: Oberhaverbeck – Niederhaverbeck – Ehrhorn – Wintermoor – Schneverdingen – Heber – Bispingen – Behringen – Oberhaverbeck.
Ring 2: Oberhaverbeck – Wintermoor – Welle – Handeloh – Wesel – Undeloh – Egestorf – Behringen – Oberhaverbeck.
Weitere Details zum Heide-Shuttle finden Sie unter www.heide-shuttle.de

Rad & Boot

Wer einmal Bike gegen Boot tauschen möchte, kann dies gerne auf dem Wümme-Radweg tun. Mehrere Kanuvermieter entlang der Wümme, die auch zum Teil den Service des Radtransportes während der **Kanutour** anbieten, machen es möglich. An speziellen Ein- und Ausstiegsstellen können Sie Ihre Reise auf der Wümme beginnen: Scheeßel, Helvesieker Brücke und Scheeßeler Mühlenwehr; Rotenburg, Stadtmitte und Unterstedter Wehr; Hellwege (nur Ausstieg); Sottrum-Everinghausen, am Campingplatz.
Entscheidend dabei ist, dass Fauna und Flora der Wümme geachtet und nur auf ausgewiesenen Parkplätzen das Auto abgestellt wird. Nähere Infos und einzuhaltende Regeln zum

Wasserwandern auf der Wümme finden Sie bei den jeweiligen Tourist-Infos oder bei den Kanuvermietern (siehe Datenblöcke).

Eine andere Variante, direkt auf der Wümme zu fahren, bieten die **Torfkähne**. Diese wurden ursprünglich ab dem 18. Jahrhundert zum Transport von Heizmaterial im unwegsamen Moorgebiet verwendet, heute können Touristen in den schweren Eichenholzbooten mit den braunen Segeln das Teufelsmoor (s. 57) erkunden. Einheimische Skipper erzählen dabei gerne Geschichten und naturkundliche Besonderheiten aus der Region. Verleih- und Infostellen entlang des Wümmeradweges:

Gästeinformation Worpswede, Bergstr. 13, D-27726 Worpswede, ✆ 04792/935820

Gästeinformation Lilienthal, Klosterstr. 16, D-28865 Lilienthal, ✆ 04298/929118, www.lilienthal.de

Ritterhuder Tourismus und Veranstaltungen GmbH, Riesstr. 11, D-27721 Ritterhude, ✆ 04292/819531, www.ritterhuder-veranstaltungen.de

Torfkähne Bremen, Wüstestätte 10, D-28195 Bremen, ✆ 0421/37877586, www.torfkaehne-bremen.de

Übernachtung

In den Städten und Ortschaften entlang des Wümme-Radweges finden Sie ein ansprechendes Angebot an Unterkünften. Hervorzuheben dabei sind die Partner-Betriebe des Wümme-Radweges, die als besonders fahrradfreundlich gelten und maximal zwei Kilometer vom Radweg entfernt liegen. In unserem Übernachtungsverzeichnis erkennen Sie diese Partnerbetriebe am Wümme-Radweg-Logo.

Auch wenn das Angebot an Übernachtungsmöglichkeiten in der Region sehr gut ist, empfiehlt es sich dennoch – vor allem in der Hochsaison – das Quartier vorab zu buchen.

Bei unseren Recherchen haben wir natürlich versucht, eine größtmögliche Auswahl für Sie zusammenzustellen. Für alle, die Alternativen oder einfach noch mehr Anbieter suchen, gibt es nachfolgende Internet-Adressen, die auch Beherbergungen der etwas anderen Art anbieten:

Der ADFC-Dachgeber: Funktioniert nach dem Gegenseitigkeitsprinzip: Hier bieten Radfreunde anderen Tourenradlern private Schlafplätze an. Mehr darüber unter www.dachgeber.de.

Das **Deutsche Jugendherbergswerk** stellt sich unter www.djh.de mit seinen vierzehn Landesverbänden vor.

Auch die **Naturfreunde** bieten mit ihren **Naturfreundehäusern** eine Alternative zu anderen Beherbergungsarten, mehr unter www.naturfreunde.de.

Unter www.camping-in.de oder www.campingplatz.de finden Sie flächendeckend den **Campingplatz** nach Ihrem Geschmack.

Und zuletzt bietet **Bett & Bike** unter www.bettundbike.de zusätzliche Informationen zu den beim ADFC gelisteten Beherbergungsbetrieben in ganz Deutschland.

Fachwerkhaus im Museumsdorf Wilsede

Reisezeit

Die besten Monate für den Wümme-Radweg sind natürlich August und September, da zu dieser Zeit die Heide blüht. Aber auch alle übrigen Monate von Frühling bis Herbst eignen sich gut für eine Radtour in dieser Region, da hier prinzipiell ein sehr mildes Klima vorherrscht.

Mit Kindern unterwegs

Der überwiegende Teil des Wümme-Radweges ist für Kinder bestens geeignet. Vor allem im Bereich der Lüneburger Heide und entlang der Wümmeniederung zwischen Lilienthal und Vegesack können Sie völlig unbeschwert mit Kindern radeln.

Lediglich in den Städten Rotenburg (Wümme) und in Schneverdingen kommt es zu etwas stärkerem Verkehr. Hier radeln Sie zwar meist auf Radwegen, für Kinder ist dabei trotzdem größere Vorsicht geboten.

Das Rad für die Tour

Den besten Komfort bieten Reiseräder mit einer auf Ihre Körpergröße abgestimmten Rahmenhöhe. Diese Räder gewährleisten auch bei großer Beladung des Rades einen ruhigen Lauf und sind mit sehr guten Bremsen, einer Schaltung mit einem großen Übersetzungsbereich und stabilen Gepäckträgern vorne und hinten zur gleichmäßigeren Gewichtsverteilung ausgestattet. Auch ein stabiler Fahrradständer ist wichtig, vor allem wenn Sie Gepäck auf dem Fahrrad mitführen. Es kann manchmal nervenaufreibend werden, wenn beim Abstellen des Fahrrades immer die Gefahr des Umkippens besteht.

Für einen unbeschwerten Radurlaub sollte auf jeden Fall ein Fahrradcheck vor der Tour erfolgen.

Sie sollten die Bereifung der Tour entsprechend anpassen. Je mehr unbefestigte Wege zu bewältigen sind, desto breiter und profilierter sollte die Bereifung ausfallen. Viele asphaltierte Strecken erlauben hingegen auch schmalere Reifen.

Auch einen Kartenhalter oder eine Lenkertasche werden Sie auf Ihrer Tour sehr gut brauchen können. Wasserdichte und somit auch staubdichte Hinterradtaschen mit einem unkomplizierten Befestigungssystem erweisen sich bei längerer Fahrt als zweckmäßig. Achten Sie auch auf genügend Möglichkeiten, Trinkflaschen an Ihrem Rad zu befestigen.

Und da selbst das beste Fahrrad vor Pannen nicht gefeit ist, empfiehlt es sich, immer eine kleine Fahrradapotheke mitzuführen. Eine Grundausstattung an Werkzeug und Zubehör sollte folgende Teile beinhalten: Ersatzschlauch und/oder Flickzeug, Kompaktwerkzeug, Luftpumpe, Brems- und Schaltseil, Öl, Ersatzkettenniete und einen Putzlappen.

Details zu all diesen Fragen klären Sie am besten mit Ihrem Fahrradhändler und überlassen den Service im Zweifelsfall dem Profi. Allgemeine Infos rund um das Fahrrad finden Sie auf diversen Seiten im Internet (z. B. www.adfc.de/142_1, www.adfc.de/1665_1, www.bikeboard.at), sowie bei Ihrem örtlichen Fahrradverein.

Weitere bikeline-Titel der Region:

bikeline-Radtourenbuch **Weser-Radweg**
bikeline-Radtourenbuch **Geest-Radweg**
bikeline-Radtourenbuch **Aller-Radweg**
bikeline-Radatlas **Rund um Hamburg**
bikeline-Radtourenbuch **Lüneburger Heide-Radweg**
bikeline-Radkarte **Lüneburger Heide**

Radreiseveranstalter

Arbeitsgemeinschaft Wümme-Radweg, c/o Touristikverband Landkreis Rotenburg (Wümme), Am Pferdemarkt 1, D-27356 Rotenburg (Wümme), ✆ 04261/81960, Fax 04261/819620, www.wuemme-radweg.de

Zu diesem Buch

Dieser Radreiseführer enthält alle Informationen, die Sie für den Radurlaub entlang der Wümme benötigen: exakte Karten, eine detaillierte Streckenbeschreibung, ein ausführliches Übernachtungsverzeichnis, Stadt- und Ortspläne und die wichtigsten Informationen zu touristischen Attraktionen und Sehenswürdigkeiten.

Und das alles mit der ***bikeline*-Garantie**: Die Routen in unseren Büchern sind von unserem professionellen Redaktionsteam vor Ort auf ihre Fahrradtauglichkeit geprüft worden. Um höchste Aktualität zu gewährleisten, nehmen wir nach der Befahrung Korrekturen von Lesern bzw. offiziellen Stellen bis Redaktionsschluss entgegen, die dann jedoch teilweise nicht mehr an Ort und Stelle verifiziert werden können.

Das Konzept

Der Wümme-Radweg setzt sich zusammen aus einer Nord- und einer Südroute: Nördlich der Wümme führt der Radweg von der Lüneburger Heide nach Bremen/Vegesack, die anschließende Südroute verbindet Bremen/Vegesack am südlichen Ufer des Flusses mit der Lüneburger Heide. Durch mehrere kurze Verbindungsstrecken kann der Radweg nach Lust und Laune in individuelle Teilstücke zerlegt werden. In diesem Buch finden Sie den Wümme-Radweg als Rundtour, mit Start und Ziel in Rotenburg (Wümme), die jederzeit durch die oben genannten Verbindungsstücke abgekürzt werden kann. Somit bietet der Wümme-Radweg auch die Möglichkeit, Teilstücke am Wochenende oder aber die gesamten 260 Kilometer in einem zu radeln – wie immer es für Sie am besten passt.

St. Magdalenenkirche, Undeloh

Die Karten

Die Detailkarten sind im Maßstab 1 : 50.000 erstellt. Dies bedeutet, dass 1 Zentimeter auf der Karte einer Strecke von 500 Metern in der Natur entspricht. Zusätzlich zum genauen Routenverlauf informieren die Karten auch über die Beschaffenheit des Bodenbelages (befestigt oder unbefestigt), Steigungen (leicht oder stark), Entfernungen sowie über kulturelle, touristische und gastronomische Einrichtungen entlang der Strecke.

Allerdings können selbst die genauesten Karten den Blick auf die Wegbeschreibung nicht ersetzen. Komplizierte Stellen werden in der Karte mit diesem Symbol ⚠ gekennzeichnet, im Text finden Sie das gleiche Zeichen zur Markierung der betreffenden Stelle wieder. Beachten Sie, dass die empfohlene Hauptroute immer in Rot und Violett, Varianten und Ausflüge hingegen in Orange dargestellt sind. Die genaue Bedeutung der einzelnen Symbole wird in der Legende auf den Seiten 4 und 5 erläutert.

Höhen- und Streckenprofil

Das Höhen- und Streckenprofil gibt Ihnen einen grafischen Überblick über die Steigungsverhältnisse, die Länge und die wichtigsten Orte entlang der Radroute. Es können in diesem Überblick nur die markantesten Höhenunterschiede dargestellt werden, jede einzelne kleinere Steigung wird in dieser grafischen Darstellung nicht berücksichtigt. Die Steigungs- und Gefälleverhältnisse entlang der Route finden Sie im Detail mit Hilfe der Steigungspfeile in den genauen Karten.

Der Text

Der Textteil besteht im Wesentlichen aus der genauen Streckenbeschreibung, welche die

Aussicht an der Lesum

empfohlene Hauptroute enthält. Stichwortartige Streckeninformationen werden, zum leichteren Auffinden, von dem Zeichen ~ begleitet.

Unterbrochen wird dieser Text gegebenenfalls durch orangefarbige Absätze, die Varianten und Ausflüge behandeln.

Ferner sind alle wichtigen **Orte** zur besseren Orientierung aus dem Text hervorgehoben. Gibt es interessante Sehenswürdigkeiten in einem Ort, so finden Sie unter dem Ortsbalken die jeweiligen Adressen, Telefonnummern und Öffnungszeiten.

Die Beschreibung der einzelnen Orte sowie historisch, kulturell oder naturkundlich interessanter Gegebenheiten entlang der Route tragen zu einem abgerundeten Reiseerlebnis bei. Diese Textblöcke sind kursiv gesetzt und unterscheiden sich dadurch auch optisch von der Streckenbeschreibung.

Textabschnitte in Violett heben Stellen hervor, an denen Sie Entscheidungen über Ihre weitere Fahrstrecke treffen müssen, z. B. wenn die Streckenführung von der Wegweisung abweicht, oder mehrere Varianten zur Auswahl stehen u. ä.

Sie weisen auch auf Ausflugstipps, interessante Sehenswürdigkeiten oder Freizeitaktivitäten etwas abseits der Route hin.

Übernachtungsverzeichnis

Auf den letzten Seiten dieses Radtourenbuches finden Sie zu fast allen Orten entlang der Strecke eine Vielzahl von Übernachtungsmöglichkeiten vom einfachen Zeltplatz bis zum 5-Sterne-Hotel.

Von Rotenburg nach Wilsede und zurück 114 km

Der erste Abschnitt des Wümme-Radweges entführt Sie in das älteste Naturschutzgebiet Deutschlands, in die schöne Lüneburger Heide. Ausgehend vom hübschen Städtchen Rotenburg (Wümme) und seinen historischen Backsteinspeichern, radeln Sie Richtung Schneverdingen, wo jährlich das bekannte Heideblütenfest stattfindet. Die Route führt weiter zum idyllischen Museumsdorf Wilsede, das man nur zu Fuß, per Rad oder mit der Kutsche erreichen kann. Hier haben Sie nun die Möglichkeit, zum Wilseder Berg, dem Quellgebiet der Wümme zu radeln, wo Sie einen herrlichen Ausblick über die typische Heidelandschaft genießen können.

Die Route verläuft auf befestigten, ruhigen Landstraßen oder Radwegen. Im Naturschutzgebiet zwischen Schneverdingen und Wilsede sind die Wege unbefestigt.

Rotenburg (Wümme)

PLZ: 27356; Vorwahl: 04261

- **Touristikverband Landkreis Rotenburg (Wümme)**, Am Pferdemarkt 1, ✆ 81960, www.TouROW.de
- **Informationsbüro der Stadt Rotenburg**, Große Str. 1, ✆ 71100, www.rotenburg-wuemme.de
- **Rudolf-Schäfer-Haus** (1675), Burgstr. 2, ✆ 4520, ÖZ: Besichtigung nach tel. Anfrage. In einem der ältesten Fachwerkhäuser der Stadt wird die bürgerliche Wohnkultur des letzten Jahrhunderts präsentiert.
- **Museum am Mutterhaus**, Else-Averdiek-Str. 17, ✆ 772207, ÖZ: Mo-Fr 9-12 Uhr, So 15-17 Uhr, Führungen n. V. Im Diakonissen-Mutterhaus wird die Geschichte der Schwesternschaft veranschaulicht, die vor rund 140 Jahren von couragierten Frauen in Hamburg ins Leben gerufen worden ist. Mit viel Herz und Mut widmeten sich die Schwestern, angeführt von ihrer Gründerin Elise Averdieck, der Pflege von Bedürftigen, Kindern und Kranken.
- **Heimatmuseum**, Burgstr. 2, ✆ 4520, ÖZ: Di, Do 10-12 Uhr und 14-17 Uhr, Mi, Fr 10-12 Uhr, So/Fei 15-18 Uhr. Das im 18. Jh. errichtete Heimatmuseum zeigt anhand zahlreicher Ausstellungsstücke das ehemalige bäuerliche Leben in der Region. Zusätzlich laden ein Bauern- und Apothekergarten samt Kneippanlage zu einem gemütlichen Spaziergang ein. Sonderausstellungen, Kunsthandwerkermärkte und Vorträge sorgen für interessante Abwechslung.

- **Stadtkirche.** In mehreren Etappen wurde die heute neugotische Kirche mit ihrem Kirchturm aus Feldsteinen erbaut. Als Besonderheit gelten zum einen das alte Taufbecken aus dem 16. Jh. und zum anderen die 1983 eingebaute Kirchenorgel, auf der regelmäßig bekannte Kirchenmusiker Konzerte geben.
- **Brunnen „Paar-oh-die"**, am Neuen Markt. Ein Stück Moderne zog mit dieser Brunnenskulptur in Rotenburg ein. Das Wortspiel „Paar-oh-die" verarbeitete der Künstler lautmalerisch, indem er eine männliche und eine weibliche Figur an einem Brunnen vereinte, die sich jedoch nicht direkt ansehen. Nur das Herz der Frau liegt auf dem Kopf des Mannes ... Eine Skulptur, die immer wieder zu Diskussionen anregt.
- **Pferdegruppe**, am Pferdemarkt. Die Figuren erinnern an den einstigen Pferdehandel, der vor allem auf diesem Platz stattgefunden hat.
- **Kunstturm.** Der ehemalige Feuerwehrturm, rund 24 m hoch, wurde 1997 renoviert und zu einer Galerie umgewidmet. Auf mehreren Ebenen finden nun wechselnde Ausstellungen statt.
- **Geistereiche**, Am Schützenplatz. Die sagenumwobene, mehr als 700 Jahre alte Eiche überlebte Blitz und Feuer und ist beliebter Treffpunkt für Alt und Jung.
- **Rotenburger Kartoffelmarkt**, jeden ersten Sa im Okt. Wissenswertes und vor allem köstlich Kulinarisches rund um die allseits beliebte Knolle gibt es jedes Jahr beim großen Kartoffelfest.
- **Erlebnisbad Ronolulu**, Nödenstr. 9, ✆ 67570. Große Badeanlage mit Saunalandschaft und Wellnessbereich für die ganze Familie.
- **Weichelsee**, Bremer Straße
- **Vento Radsportladen**, Fuhrenstr. 21, ✆ 6146

Zwischen Hamburg und Bremen und gleichzeitig am Rande der Lüneburger Heide gelegen, entwickelte sich die heutige Kreisstadt Rotenburg an der Wümme.

Begonnen hat die Geschichte der Stadt 1195 mit dem Bau der namensgebenden „Rodeborg", die wiederum ihren Namen von den roten Backsteinen erhielt, aus denen sie errichtet worden war. Die Burg wurde vom Verdener Bischof Rodolf I. erbaut, um seinen Herrschaftsbereich gegenüber Sachsen und Bremen zu schützen. Im 17. Jahrhundert erweiterte die damalige Landesherrin, die Schwedische Königin, die Burg zu einer wahren Festung und ließ die wasserreiche Region rund um die Burg kanalisieren. Trotz dieser Maßnahmen verfiel die Rotenburg, 1840 wurden schlussendlich auch die Wälle abgetragen und auf dem Grundstück ein Amts- und Gerichtsgebäude errichtet.

Die Siedlung rund um die Rotenburg entwickelte sich nur langsam, erste Bürgermeister und Zolleinnehmer wurden erstmals im 15. Jahrhundert erwähnt. Ein wichtiger wirtschaftlicher Aufschwung kam unter napoleonischer Herrschaft durch den Bau der Straße Harburg-Bremen und dem anschließenden Eisenbahnbau.

Heute profitiert die rund 22.000 Einwohner zählende Stadt Rotenburg (Wümme) vor allem von den günstigen Verkehrsverbindungen. Mehrere Bundesstraßen und die Nähe zu den Großstädten Hamburg, Bremen und Hannover führten zur Ansiedelung von international tätigen

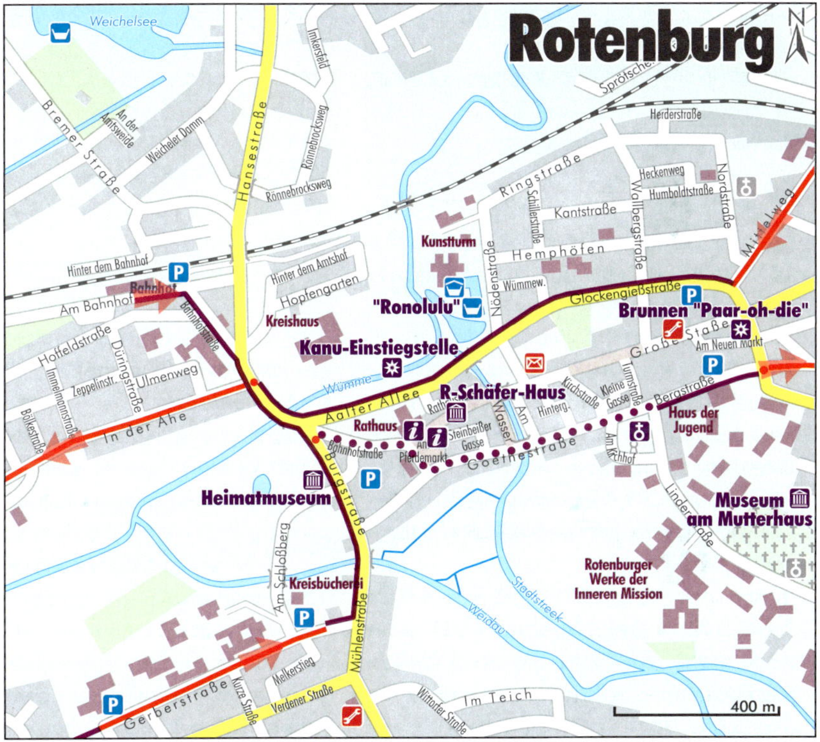

Am Weichelsee

Unternehmen wie der Baustofffirma Ytong, dem Automobillieferanten Borco-Höhns und mehrerer Transportunternehmen.
Über die Grenzen hinaus bekannt ist auch das Diakoniekrankenhaus mit rund 800 Betten. Gegründet von Elise Averdieck 1856 in Hamburg, übersiedelte die wachsende Schwesterngemeinschaft 1905 nach Rotenburg. Hier betreuen die Diakonissinnen mittlerweile nicht nur das größte evangelische Krankenhaus Norddeutschlands, sondern auch ein Altenpflegeheim und eine Einrichtung für Betreutes Wohnen.

Abgesehen von der wirtschaftlichen Entwicklung Rotenburgs, sorgt die Stadt auch für ein interessantes Freizeitangebot: eine erweiterte Fußgängerzone zum Flanieren, jede Menge sportlicher Angebote und nicht zuletzt eine Vielzahl kleiner Besonderheiten wie moderne Brunnenskulpturen, liebevoll renovierte, historische Fachwerkhäuser – und dies alles umgeben von intakten Wäldern, Feuchtgebieten und Flussniederungen.

Von Rotenburg (Wümme) nach Lauenbrück 22 km

Vom Bahnhof in Rotenburg links ⇝ ab dem kleinen runden Platz auf dem Radweg der Rechtskurve folgen ⇝ an der Ampelkreuzung rechts ⇝ weiter in der **Bahnhofstraße** ⇝ über die Wümme ⇝ an der nächsten Möglichkeit links Richtung Zentrum, Schutzstreifen vorhanden ⇝ am Radstreifen durch das Zentrum ⇝ vorbei an der Kirche ⇝ geradeaus weiter in die **Bergstraße** ⇝ am Radweg geradeaus in die **Birkenstraße** ⇝ gegenüber des Holzweges rechts ⇝ geradeaus über die Fuhrenstraße ⇝ der **Freudenthalstraße** folgen.

Tipp: Achtung auf Bodenschwellen!

Die Straßen Am Galgenberg und Schwentener Straße geradeaus queren ⇝ links am Friedhof vorbei ⇝ am kleinen runden Platz geradeaus am Poller vorbei ⇝ gleich danach links, laut Radschild ⇝ dem kurvigen Asphaltband folgen ⇝ nach der Rechtskurve über die Gleise ⇝ der Linkskurve des asphaltierten Weges in den **Brockmanns Wiesenweg** folgen ⇝ der starken Rechtskurve entlang ⇝ an der T-Kreuzung rechts Richtung Wohlsdorf ⇝ an der nächsten Gelegenheit links in den Weg **Am Forst Ahlsdorf** ⇝ an der Gabelung rechts ⇝ vorbei an Wiesen und Koppeln ⇝ geradeaus bis zum nächsten Ort.

Wohlsdorf

In Wohlsdorf an der Vorfahrtsstraße rechts auf den rechtsseitigen Radweg ⇝ der Linkskurve folgen ⇝ auf dem Radweg geradeaus den Ort verlassen.

1
Veerse
Kleenkamp
Königsberg
25
2,5
2
Wohlsdorf
Bartelsdorf
1,5
Vor den Höfen
B71
Luhner Siedlung
Lauenbrücker Weg
Weiße Berge
35
B75
Mühlenbachsee
Weichelsee
Imkersfeld
Wümme
3,5
B71
Rotenburg
Fuchsberg
40
Erlebnisbad Ronolulu
Kanu-Einstiegstelle
Brockmanns Wiesenweg
0,5
In der Ahe
Glockengießerstr.
Birkenweg
Freudenthalstr.
4,5
Heimathaus
2,5
Museum am Mutterhaus
Geistereiche
Mühlenstr.
Ahlersbeek
Kattenstertsee
B215
Wensebrock
Sternenweg
Kanu-Einstiegstelle
B440
3,5
Zur Kumpwisch
Wiedau
Rodau
Glummbach
B71
Hemsbünde

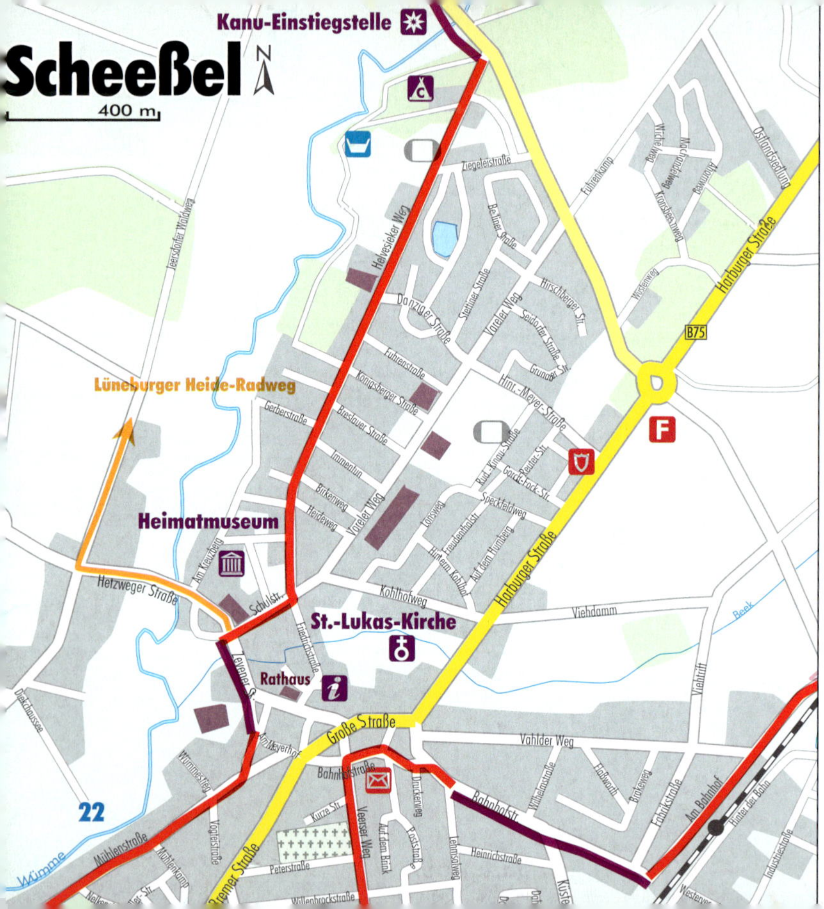

Bartelsdorf

Trachtenfest in Scheeßel

Im Ort an der zweiten Möglichkeit links Richtung Gut Veerse ~ der schmalen Straße längere Zeit folgen ~ der starken Linkskurve nach Veerse folgen ~ über eine kleine Brücke ~ vorbei am **Rittergut Veerse** ~ geradeaus auf dem asphaltierten Weg durch eine Allee ~ auf dem Radweg kurz bergauf ~ mittels einer Brücke über die Gleise ~ geradeaus in den Ort Scheessel ~ auf dem **Veerser Weg** vor bis zum Kreisverkehr.

Scheeßel

PLZ: 27383; Vorwahl: 04263

Gemeinde Scheeßel, Untervogtpl. 1, ✆ 93080, www.scheessel.de

St.-Lukas-Kirche, älteste Funde in der Kirche gehen auf das 13. Jh. zurück.

Heimatmuseum, Zevener Str. 8, ✆ 8551, ÖZ: Mai-Sept., So/Fei 10-12 Uhr und 14-18 Uhr. Das lebendige Museum besteht aus zwei eigenständigen Hofanlagen, die insgesamt 13 historische Fachwerkhäuser beherbergen. Einerseits finden Sie im Ortszentrum den sogenannten Meyerhof, wo sich alles rund um alte Handwerkskunst dreht. Zum Zweiten

können Sie am Heimathausgelände, das rund 300 m entfernt liegt, im Schafstall Backhaus oder Honigspeicher den bäuerlichen Alltag des 19. Jhs. miterleben.

- **Scheeßeler Mühle** (1507), ✆ 300595, Besichtigung n. V. Die Gebäude der einstigen Wassermühle werden heute von mehreren Familien bewohnt und auf ökologische Weise bewirtschaftet.
- **Internationales Trachtenfest**, jedes Jahr im Sommer
- **Freibad Scheeßel**, Helvesieker Weg 67, ✆ 1436

Am Kreisverkehr rechts in die **Bahnhofstraße** ⇝ der Rechtskurve folgen ⇝ an der Kreuzung rechts halten ⇝ geradeaus vor bis zum Bahnhof.

Tipp: An diesem Bahnhof hält der stündlich zwischen Bremen und Hamburg verkehrende „metronom". Details dazu s. S. 10.

Vor dem Bahnhof links ⇝ dieser Straße parallel zu den Gleisen folgen ⇝ an der Vorfahrtsstraße rechts in die Straße **Vahlder Weg** ⇝ weiter parallel zu den Gleisen auf Kopfsteinpflaster ⇝ unter einer Brücke hindurch ⇝ zwischen Wiesen und Koppeln weiter geradeaus ⇝ nach einer kleinen Brücke

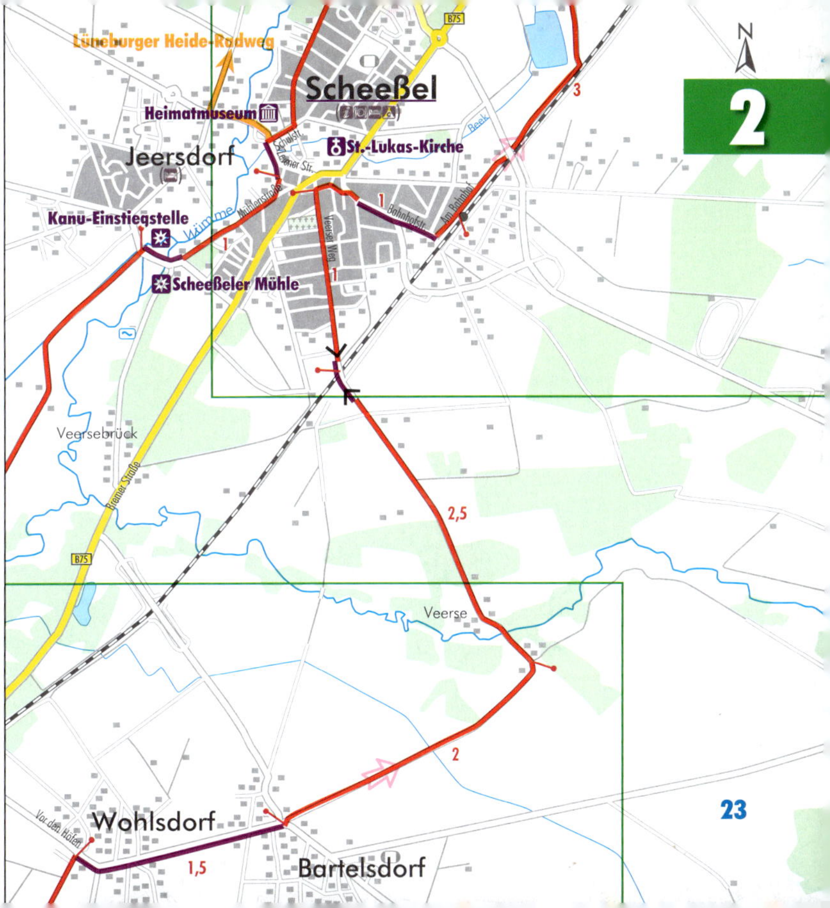

2

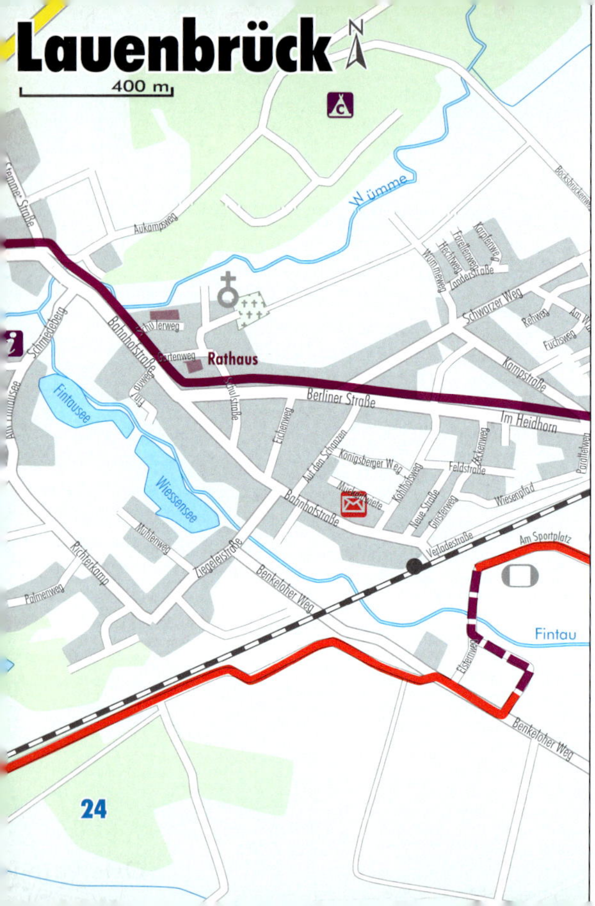

an der Wegverzweigung im rechten Winkel links ~ auf dem asphaltierten Weg weiter bis zur T-Kreuzung ~ hier rechts ~ an der nächsten Möglichkeit rechts ~ kurz bergauf und über die Gleise ~ bergab und gleich danach links ~ nach einem Links-rechts-Schlenker weiter parallel zu den Gleisen ~ nach einer längeren Gerade dem kurvigen Verlauf des Asphaltbandes folgen ~ an der Vorfahrtsstraße rechts ~ nach den letzten Häusern links in einen kleinen unbefestigten Weg ~ über eine kleine Holzbrücke.

Tipp: Bei Nässe hier absteigen und das Fahrrad schieben, da die Brücke sehr rutschig sein kann.

An der T-Kreuzung rechts.

Lauenbrück

PLZ: 27387; Vorwahl: 04267

- **Info-Stelle Landpark Lauenbrück**, ✆ 351
- **Landpark Lauenbrück**, ✆ 351. Auf dem rund 200.000 m² großen Gelände entstand 1969 ein weitläufiger Landschaftspark, wo man heute zwischen Wiesen, Teichen und Wald entlang der Tiergehege spazieren und radeln kann. Spezielle Angebote im Naturkundepavillon oder im Streichelzoo begeistern nicht nur Kinder.

- **Kanuverleih Rutner**, Schmiedeberg 37, ✆ 1543, weitere Infos zum Wasserwandern auf der Wümme, s. S. 11

Von Lauenbrück nach Schneverdingen 19 km

Der Rechtskurve folgen ~ am Sportplatz vorbei ~ geradeaus aus dem Ort hinaus ~ weiter auf dieser kleinen Straße für die nächsten 4 Kilometer zwischen Feldern und Wiesen ~ durch eine Allee ~ geradeaus in den nächsten Ort.

Landpark Lauenbrück

Vahlde

An der Vorfahrtsstraße in Vahlde rechts ⁓ weiter auf dem Radweg der **Lauenbrücker Straße** ⁓ über eine kleine Brücke ⁓ aus dem Ort hinaus ⁓ nach den letzten Häusern auf den linksseitigen Radweg wechseln ⁓ kurz nach dem Ortsschild, noch vor der Brücke, links ⁓ auf dem Asphaltband durch eine Allee ⁓ weiter bis nach Fintel ⁓ an der Gabelung links ⁓ im Ort gegenüber des Friedhofs dem Wümme-Radschild nach rechts folgen.

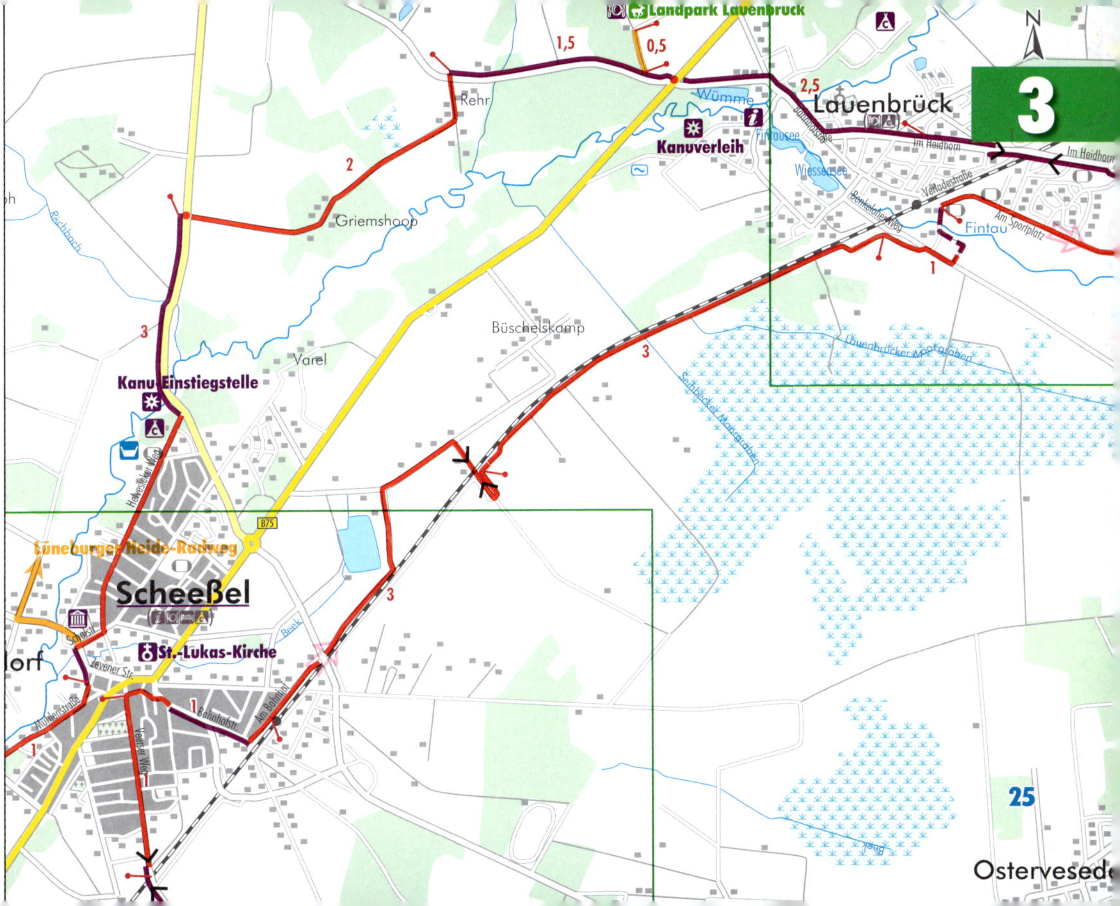

Allee nach Lauenbrück

Fintel

PLZ: 27389; Vorwahl: 04265

- **Verkehrsverein Fintel-Vahlde**, Rotenburger Str. 10, ✆ 1329 od. ✆ 292, www.fintel.de
- **St. Antonius-Kirche** (1884)
- **Heimathaus**, Am Pferdemarkt. Im sogenannten „Schimmes Hof" finden wechselnde Kunstausstellungen und traditionelle Veranstaltungen statt.
- **Ferienpark** „Eurostrand Fintel", ✆ 93110. Freizeiteinrichtungen für Sport und Unterhaltung.
- **Hagemeier**, Osterberg 6, ✆ 1509
- **Stünkel**, Wohlsberg 14, ✆ 444

Tipp: In Fintel können Sie auf weitere Radwege in der Lüneburger Heide umsteigen. Detaillierte Karten und Beschreibungen dazu finden Sie im *bikeline*-Radtourenbuch Lüneburger Heide-Radweg.

Die Vorfahrtsstraße geradeaus queren ~ an der Kirche links vorbei ~ der Rechtskurve folgen ~ nach der Linkskurve geradeaus in die **Himbergstraße** ~ geradeaus den Ort Richtung Haswede verlassen ~ durch eine Allee ~ an der Kreuzung dem asphaltierten Weg folgen ~ durch die **Birkenallee** ~ an der T-Kreuzung rechts Richtung Haswede ~ über eine kleine Brücke.

Haswede

Im Ort links Richtung Schneverdingen ~ schnurgerade aus Haswede hinaus ~ geradeaus über die 4er-Kreuzung in **Osterwede** in den **Hasweder Weg** ~ durch eine Allee ~ vorbei an einem Parkplatz ~ dem Wümmeschild nach links folgen ~ die Inseler Straße queren ~ geradeaus in die Straße **Seekamp** ~ an der Stopp-Kreuzung rechts in die **Hansahlener Dorfstraße** Richtung Zentrum ~ an der Vorfahrtsstraße rechts ~ in der **Schulstraße** bis zum Ortszentrum.

Schneverdingen

PLZ: 29640; Vorwahl: 05193

- **Schneverdingen Touristik**, Rathauspassage 18, ✆ 93800, www.schneverdingen-touristik.de
- **Heimatmuseum „De Theeshof"**, Langelohsberg/Hansahlener Dorfstraße, ✆ 2199. Die bäuerliche Wohn- und Arbeitswelt zwischen 1850 und 1950 wird hier ausgestellt. Zusätzlich finden hier Theateraufführungen, Lesungen und Filmabende statt.

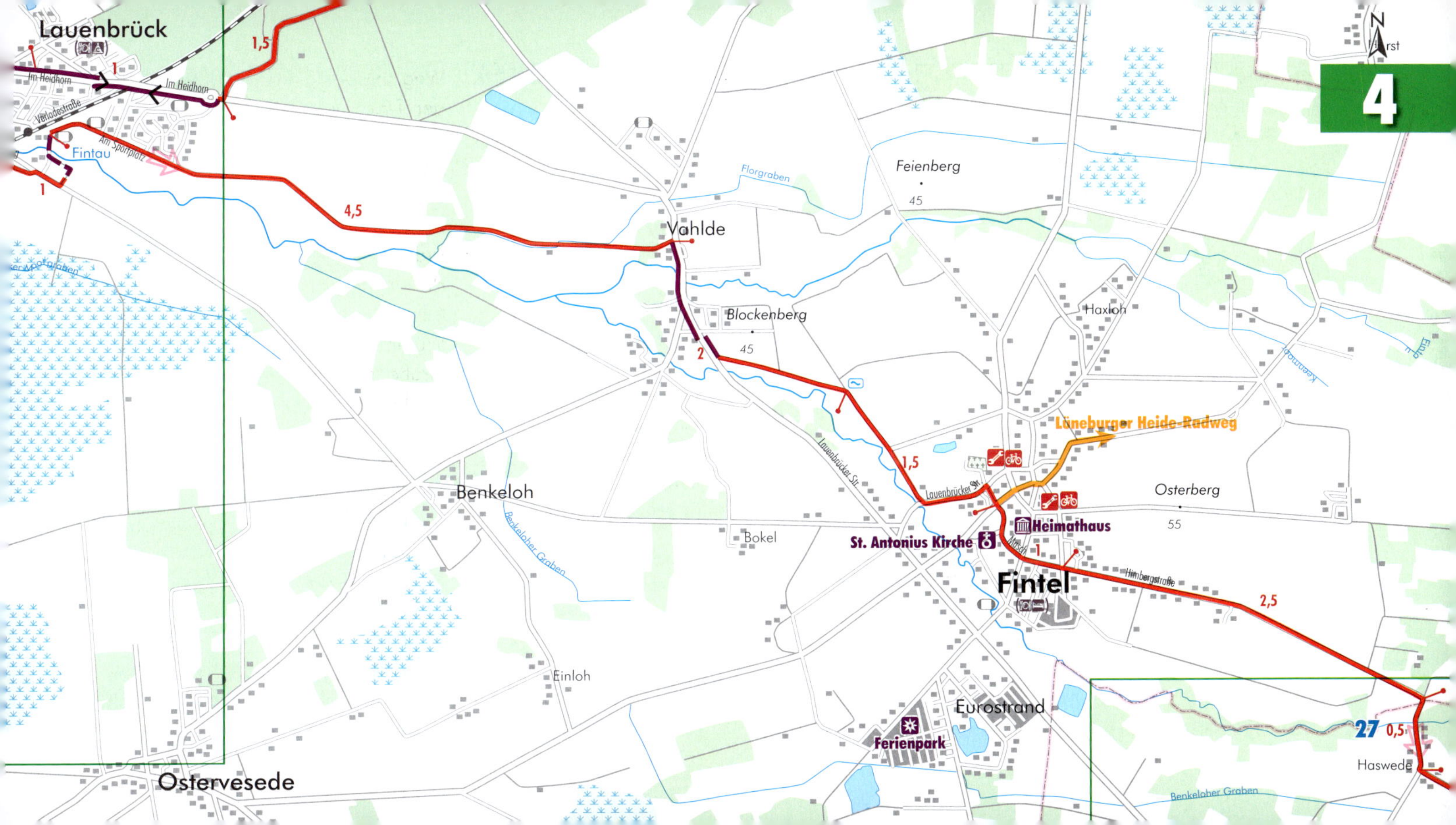

Lauenbrück
Im Heidhorn
Verladestraße
Fintau
Am Sportplatz
1,5
1
4,5
Vahlde
Florgraben
Feienberg
45
Blockenberg
45
2
Haxloh
Benkeloh
Bokel
Benkeloher Graben
Lauenbrücker Str.
1,5
Lüneburger Heide-Radweg
Osterberg
55
Heimathaus
St. Antonius Kirche
Fintel
Himbergstraße
2,5
Einloh
Eurostrand
Ferienpark
Ostervesede
27
0,5
Haswede
Benkeloher Graben
4

- **Peter- und Paul-Kirche** (18. Jh.)
- **Eine-Welt-Kirche**, Heberer Straße. Im Rahmen der Expo 2000 wurde diese besondere Kirche aus Holz erbaut. Einzigartig dabei ist der sogenannte „Eine-Erde-Altar", der aus rund 7.000 Erdproben aus den verschiedensten Ländern der Welt in Plexiglasbüchern errichtet wurde.
- **Schnuckenherde** im Schafstall in Höpen, ÖZ: April-Okt.
- **Heideblütenfest**. Jedes Jahr findet Ende August das bekannte Heideblütenfest statt. Mit Konzerten, einem Festumzug durch die Stadt und dem Höhepunkt des Festes, der Krönung der Heidekönigin, werden jährlich rund 40.000 Besucher zu dem mehrtägigen Spektakel angelockt.
- **Sonnenuhr**, Schulstraße. Mit 16 m Höhe und einem Durchmesser von 30 m steht Deutschlands größte Sonnenuhr hier in Schneverdingen. Findlinge bilden das Ziffernblatt und ein schräger Metallstab dient als Uhrzeiger.
- **Schäferabende**, Juli-Sept., jeden zweiten Fr, genaue Infos dazu bei Schneverdingen Touristik
- **Musikabende und Lesungen**, in den Sommermonaten, genaue Infos dazu bei Schneverdingen Touristik
- **Heidegarten**, Höpen. Mehr als 130 Heidesorten und ca. 120.000 Pflanzen können bei einem Spaziergang durch den weitläufigen Garten erkundet werden. Informationstafeln auf dem eigens angelegten Naturlehrpfad informieren über Fauna, Flora und Bewirtschaftung der Heidelandschaft.
- **Heidjers Wohl**, Osterwaldweg 8, ✆ 988828, Erlebnisbad und Sauna
- **Quellenbad**, Inseler Straße, ✆ 3533, Natur-Freibad
- **Fintel**, Harburger Str. 9a, ✆ 6226
- **Scheer**, Heinrich-Loose-Str. 5, ✆ 4194
- **Wanitzek**, Fritz-Reuter-Str. 5, ✆ 1214
- **Pedalo**, Schulstr. 10, ✆ 800120
- **Schlußnus**, Freudenthalstr. 3, ✆ 2605

Heute zählt die Kleinstadt am Rande der Lüneburger Heide rund 20.000 Einwohner. Dass dem nicht immer so war, liegt vor allem an den kargen Weideflächen und der mühevollen Viehhaltung in den Zeiten vor der Erfindung des Kunstdüngers und den Handwerksbetrieben. Ab dem 19. Jahrhundert konnten sich verschiedenste Berufe entwickeln, vor allem jener der Lederverarbeitung: in den besten Jahren waren rund 300 Schuhmacher in Schneverdingen tätig.

Der wirklich große wirtschaftliche Aufschwung, verbunden mit guter Infrastruktur und hohem Bevölkerungswachstum kam jedoch erst nach dem Zweiten Weltkrieg. Bahnverbindungen nach Hamburg und Hannover, mehr als 1.000 Betriebe aus den Bereichen Handwerk, Handel und vor allem Dienstleistung ließen Schneverdingen zu einem wichtigen touristischen Zentrum in der Lüneburger Heide aufsteigen.

Tipp: Auch durch Schneverdingen verlaufen weitere Radwege der Lüneburger Heide. Detaillierte Karten und Beschreibungen

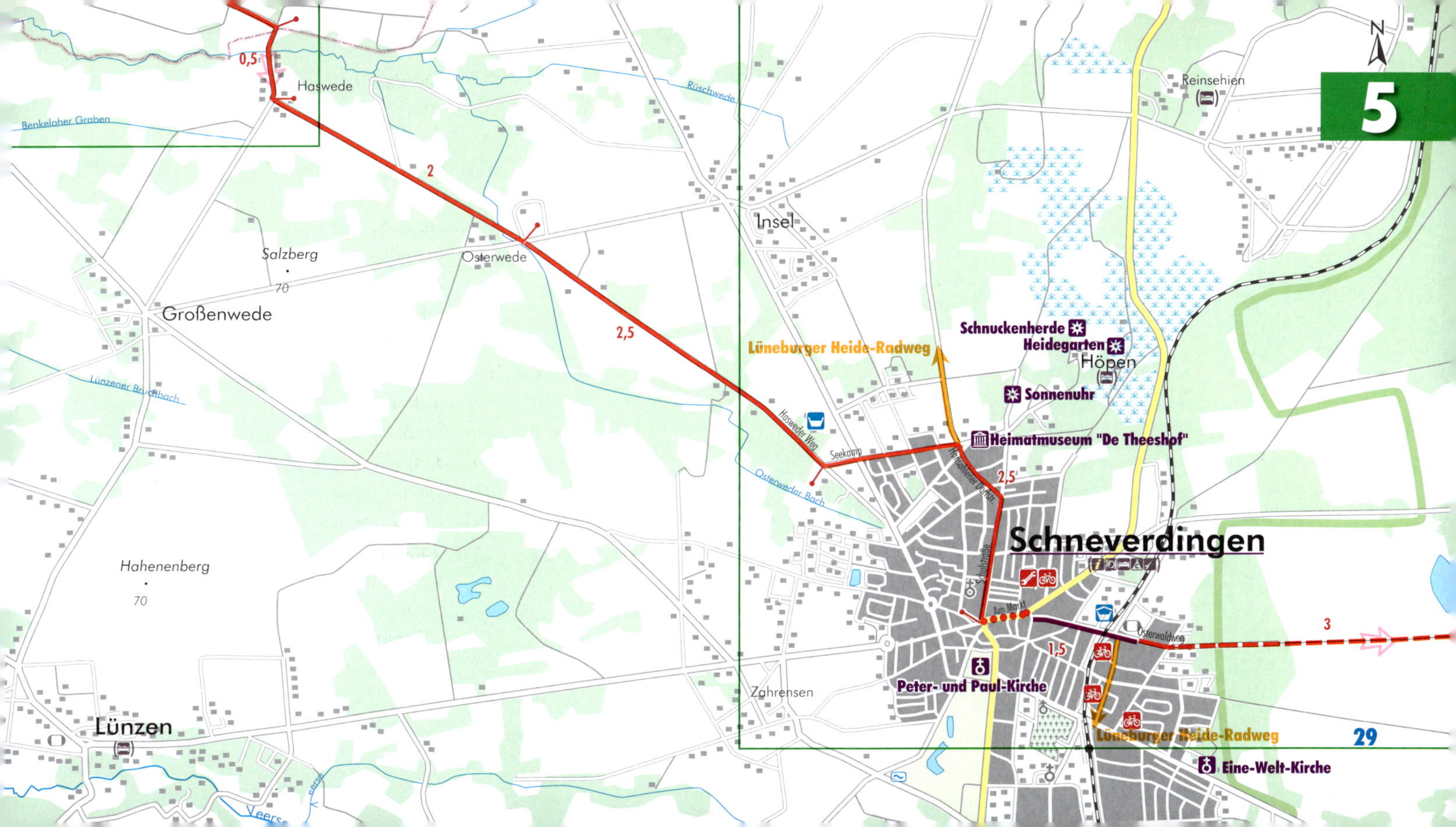

5
Haswede
Benkeloher Graben
Rüschwede
Reinsehien
Insel
Salzberg
70
Osterwede
Großenwede
Lünzener Bruchbach
Schnuckenherde
Heidegarten
Höpen
Sonnenuhr
Lüneburger Heide-Radweg
Hasweder Weg
Seekamp
Heimatmuseum "De Theeshof"
Osterweder Bach
Schneverdingen
Hahenenberg
70
Schulstraße
Am Markt
Osterwaldweg
Peter- und Paul-Kirche
Zahrensen
Lüneburger Heide-Radweg
Eine-Welt-Kirche
Lünzen
0,5
2
2,5
2,5
1,5
3

dazu finden Sie im ***bikeline***-Radtourenbuch Lüneburger Heide-Radweg.

Von Schneverdingen nach Wilsede *15 km*

An der Ampelkreuzung links in die **Harburger Straße** ~ nach einer leichten Linkskurve rechts in die **Oststraße** ~ gleich links in den **Osterwaldweg** ~ auf dem Radweg dem Osterwaldweg folgen ~ über die Gleise ~ am Ortsende, wo die Freudenthalstraße quert, geradeaus weiter in den unbefestigten Weg.

Tipp: Ab hier fahren Sie durch die typische Landschaft der Lüneburger Heide.

Im östlichen Teil der Route, der hauptsächlich durch das Naturschutzgebiet verläuft, gibt es aus rechtlichen Gründen bislang keine Beschilderung des Wümme-Radweges.

Dem unbefestigten Weg geradeaus folgen bis zur **B3** ~ diese geradeaus überqueren ~ an der Weggabelung links in den schmalen Weg, der teilweise etwas verwachsen ist ~ kurz bergab und bergauf ~ der Weg wird besser zu befahren ~ der Rechtskurve folgen ~ geradeaus weiter ~ der Linkskurve folgen ~ schnurgerade bis zur 4er-Kreuzung ~ hier rechts auf den schönen, gesandeten Weg ~ an der

6
Staatsforst Sellhorn
Reinsehien
Barrl
Niederhaverbeck
Haverbeeke
Oberhaverbec
Lüneburger Heide
Schnuckenherde
Heidegarten
Höpen
Sonnenuhr
Heimatmuseum "De Theeshof"
ger Heide-Radweg
Seekamp
Bach
Schulstraße
Am Markt
Schneverdingen
Peter- und Paul-Kirche
Osterwaldweg
Lüneburger Heide-Radweg
B3
Tütsberg
175
31
Tütsberg
2,5
1,5
3
1,5
1,5
1,5
1
1
1,5
2

4er-Kreuzung bei der Lichtung links ⇝ an der Wegverzweigung schräg rechts in den Wald.

Lüneburger Heide

Mitten im Städtedreieck Hamburg – Bremen – Hannover liegt die größte zusammenhängende Heidelandschaft Europas. Seit 1921 ist das rund 23.000 Hektar große Gebiet rund um den Wilseder Berg auch unter Naturschutz gestellt.

Entstehen konnte diese ganz besondere Art der Landschaft durch das frühe Abholzen der ursprünglichen Vegetation, sprich Eichen- und Hainbuchenwälder. Da die freigelegten Böden mehr sandig und nährstoffarm denn fruchtbare Ackerböden waren, konnte sich im Laufe der Zeit die Heide entwickeln. Um die Aufforstungsversuche im 19. Jahrhundert zu stoppen, wurde das Gebiet schließlich auch unter Naturschutz gestellt.

Heute sind die violettblühenden Heideflächen mit ihren Fachwerkstädten und romantischen Flusslandschaften weit über die Grenzen

Radfahrer in der Lüneburger Heide

Deutschlands für Ruhe und Erholung bekannt. Man könnte fast meinen, die Zeit sei hier stehengeblieben. Schäfer durchstreifen wie anno dazumal mit ihrer Heidschnuckenherde und dem dazugehörigen Hirtenhund die weiten Heideflächen. Spaziergänger, Radfahrer und Reitpferde kreuzen den Weg. Alles hier ist etwas ruhiger, beschaulicher und echter als in so manch anderer Gegend.

Kraftfahrzeuge sind hier absolut tabu, die Ruhe wird lediglich vom Lärm der Kutschenräder und leisem Gemurmel oder Geschirrgeklapper unterbrochen. Denn in den gemütlichen Heideorten wird kulinarische Tradition groß geschrieben.

Tipp: Dies ist die Wegverzweigung, wo Sie rechts einen Stein als Wegmarkierung finden, in dem „110" eingraviert wurde.

Dem sehr schmalen Weg rund einen Kilometer durch den Wald folgen ⇝ am großen, unbefestigten Weg links ⇝ gleich darauf an der 4er-Kreuzung rechts.

Tipp: An dieser Kreuzung finden Sie einen alten Holzwegweiser, dem Sie Richtung Niederhaverbeck folgen.

Diesem Weg bis zur nächsten Wegverzweigung folgen ⇝ hier geradeaus weiter Richtung Niederhaverbeck ⇝ der Linkskurve folgen ⇝ es geht aus dem Wald hinaus ⇝ der starken Rechtskurve folgen.

Tipp: Ab hier verlaufen Rad- und Reitwege meist parallel. Bitte auf dem linken Weg, dem Radweg bleiben, um die Reiter nicht zu stören.

Geradeaus durch die schöne Heidelandschaft ⇝ vorbei an einem Rastplatz ⇝ bei den ersten

Häusern den Kurven folgen ~ kurz bergauf zur Vorfahrtsstraße ~ hier links einbiegen.

Niederhaverbeck

PLZ: 29646; Vorwahl: 05198

- **Haus der Natur**, Niederhaverbeck 7, ✆ 379; ÖZ: Mai-Mitte Okt., Di-So 10-16 Uhr. Informationen und Ausstellungen zum Thema Naturschutz, Fauna und Flora der Lüneburger Heide.
- **Bispingen Touristik e. V.**, Borsteler Str. 6, ✆ 05194/39852, www.bispingen.de

Nach dem Informationshaus Lüneburger Heide rechts Richtung Wilsede ~ der Weg wird etwas sandig ~ geradeaus bis zu einer Kreuzung ~ hier der Rechtskurve Richtung Wilsede folgen ~ geradeaus weiter durch die Heidelandschaft ~ leicht bergauf ~ an der asphaltierten Straße links ~ am linksseitigen Radweg bis nach Wilsede.

Tipp: In Wilsede können Sie zu weiteren Radwegen der Lüneburge Heide wechseln, Infos dazu im ***bikeline***-Radtourenbuch Lüneburger Heide-Radweg.

Wilsede (Museumsdorf)

PLZ: 29646; Vorwahl: 04175

- **Heidemuseum „Dat ole Hus"**, ✆ 802933, ÖZ: Mai-Okt., 10-16 Uhr. Wie die Heidebauern vor rund 150 Jahren lebten, wird in diesem Museum mit originaler Einrichtung sehr anschaulich dargestellt. Weiters finden Sie im Obergeschoss eine Vor- und Frühgeschichtliche Sammlung.

Zu Fuß, per Rad oder mit der Kutsche kann das kleine Dorf Wilsede inmitten des Naturschutzgebietes erreicht werden — denn motorisierter Verkehr ist hier strengstens verboten. Das sogenannte Museumsdorf, wo übrigens noch 40 Einwohner leben,

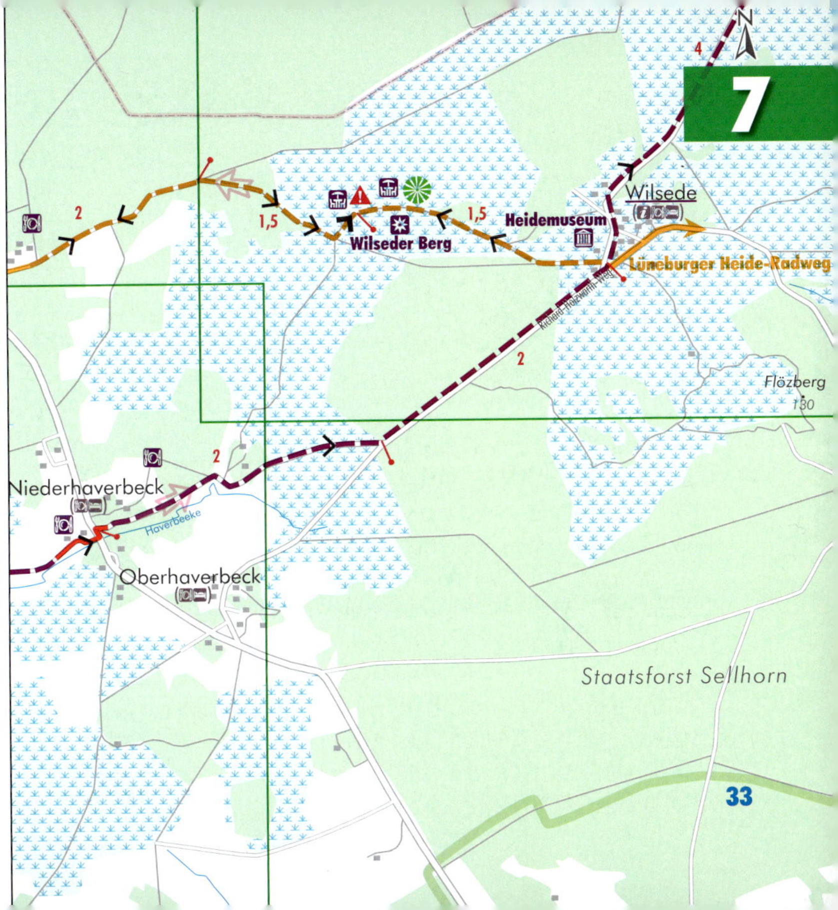

gilt als absolut ruhig und beschaulich. Neben einigen Wohnhäusern gibt es vor allem zwei Gaststätten, einige renovierte Schafställe und mehrere historisch wertvolle Fachwerkhäuser und Scheunen zu entdecken. Doch die Ruhe inmitten des großen Waldgebietes kann täuschen –- nämlich genau dann, wenn die Heide blüht. Und so kann es vorkommen, dass Sie sich im August beim gemütlichen Radausflug plötzlich unter mehreren hundert Menschen in Wilsede wiederfinden.

Variante Wilseder Berg 21,5 km

In Wilsede links Richtung Wilseder Berg ⤳ leicht bergab ⤳ bei der nächsten Möglichkeit, gegenüber des Heidemuseums wiederum links Richtung Wilseder Berg ⤳ kurz bergauf ⤳ schräg rechts dem Weg Richtung Wilseder Berg (in Stein gemeißelt) folgen ⤳ immer leicht bergauf ⤳ längere Zeit dem unbefestigten Weg folgen.

Tipp: Kurz vor Ende des Waldes finden Sie rechts einen etwas versteckten Aussichtsturm.

Weiter geradeaus dem Weg folgen bis zur Aussichtsplattform Wilseder Berg.

Wilseder Berg

Mit rund 170 Meter Seehöhe ist der Wilseder Berg die höchste Erhebung von Nord-West-Deutschland. Von hier aus, dem Quellgebiet der Wümme, haben Sie einen wunderschönen Blick über die Lüneburger Heide mit ihrer typischen Vegetation.

Eine Informationstafel mit Entfernung und Richtung zahlreicher deutscher Hauptstädte erinnert an die kartographischen Vermessungen von Carl Friedrich Gauß, die er hier unternommen hat.

Geradeaus über den großen Platz ⤳ steil hinunter ⚠ bitte laut Schild vom Rad absteigen ⤳ der Linkskurve bergab folgen Richtung Undeloh ⤳ unten angekommen, an der 4er-Kreuzung rechts Richtung Einem ⤳ an der Gabelung rechts halten Richtung Einem ⤳ leicht bergab, der Weg wird etwas schlechter zu befahren ⤳ an der T-Kreuzung links Richtung Einem.

Tipp: Nach Regentagen ist dieser Weg zum Teil schlecht zu befahren.

Geradeaus weiter dem Schild, das auf einem Baum befestigt ist, Richtung Gasthaus Einem folgen ⤳ kurz bergauf und bergab ⤳ am Café vorbei.

Einem

Der Weg wird befestigt ⤳ kurz bergab ⤳ an der T-Kreuzung rechts ⤳ dem Straßenverlauf für rund 2 Kilometer folgen.

Variante
Wilseder Berg
1
Voßberg
85
Wintermoor a. d. Chaussee
Este
3,5
Natursteingarten
Ehrhorn
Staatsforst Sellhorn
Behringer Straße
B3
3,5
Walderlebniszentrum Ehrhorn
Waldsiedlung
2
2
Lüneburger Heide-Radweg
Wilsede
1,5
1,5
Wilseder Berg
Heidemuseum
Richard-Holzwarth-Weg
4
2
Staatsforst Sellhorn
2
35
Barrl
Niederhaverbeck
Haverbeeke

Variante Wilseder Berg 2

Tipp: Links geht es zum Walderlebniszentrum Ehrhorn.

Typische Heidelandschaft

Ehrhorn

PLZ: 29640; Vorwahl: 05198

Walderlebniszentrum Ehrhorn, Ehrhorn 1, ✆ 987120, April-Okt., 10-18 Uhr. Rund um einen 350 Jahre alten Heidebauernhof erfährt man hier alles Wissenswerte zur Wald-Mensch-Geschichte der Heide. Bei einer Nachtwanderung oder am Barfußpfad können Sie die Natur hautnah erleben.

Weiter der langgestreckten Linkskurve folgen ↝ beim Jugendwaldheim beginnt ein rechtsseitiger Radweg ↝ auf diesem straßenbegleitenden Radweg bis zu den ersten Häusern von Wintermoor ↝ an der Stopp-Kreuzung die B 3 geradeaus überqueren ↝ dem Straßenverlauf folgen ↝ nach der Linkskurve über die Geleise ↝ geradeaus über die Kreuzung in den **Ehrhorner Heuweg**.

Wintermoor

Natursteingarten

Rechts in den **Fasanenweg** ↝ an der 4er-Kreuzung links in den **Schäferweg** ↝ an der T-Kreuzung rechts ↝ in einer Linkskurve aus dem Ort hinaus

Weg im Naturschutzgebiet

~ in der starken Linkskurve rechts in den unbefestigten Weg Richtung Ottermoor ~ schnurgerade dem Weg folgen ~ nach der Linkskurve wird der Weg befestigt ~ es geht durch das **Ottermoor** ~ weiter bis zum nächsten Ort.

Groß Todtshorn

Nach einigen Kurven an der Vorfahrtsstraße geradeaus einfahren ~ an der 4er-Kreuzung rechts ~ schnurgerade aus dem Ort hinaus ~ leicht bergab ~ an einigen Häusern von **Klein Todtshorn** vorbei ~ der Straße bis Otter folgen ~ im Ort rechts in die **Tostedter Straße** ~ an der T-Kreuzung erreichen Sie wieder die Hauptroute.

Otter s. S. 40

Tipp: Die weiterführende Beschreibung der Hauptroute finden Sie ab S. 42.

Von Wilsede nach Otter 22 km

Für die Hauptroute in Wilsede geradeaus ~ es geht leicht bergab ~ der Linkskurve entlang ~ nach der Rechtskurve kurz bergauf ~ vorbei an einem großen Hotel

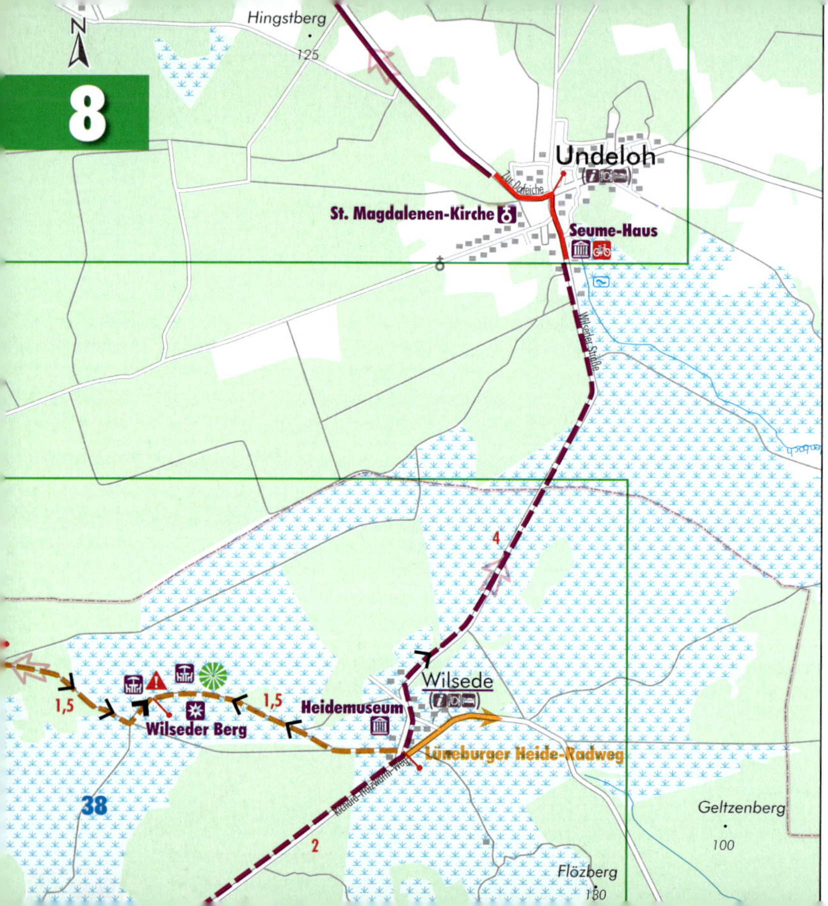

~ auf dem linksseitigen, unbefestigten Radweg aus dem Ort hinaus ~ längere Zeit diesem gut zu befahrenden Radweg bis nach Undeloh folgen ~ im Ort an einem Parkplatz vorbei.

Undeloh

PLZ: 21274; Vorwahl: 04189

- **Verkehrsverein Undeloh und Umgebung**, Zur Dorfeiche 27, ✆ 333 od. ✆ 19433, www.undeloh.de
- **Seume-Haus**, Wilseder Str. 23, ✆ 818648. Naturkundliche Ausstellung über die Geschichte der Heide.
- **St. Magdalenen-Kirche** (12. Jh.), ÖZ: Juni-Okt., 8-20 Uhr, Nov.-Mai, 9 Uhr bis Einbruch der Dunkelheit; Führungen: So 10.30 Uhr. Hervorzuheben ist vor allem das aus dem 13. Jh. stammende Triumphkreuz im Inneren der Feldsteinkirche und der gelungene Chorraum im Fachwerkstil. Von Juli-Sept. findet hier auch – gemeinsam mit anderen Gemeinden – die Konzertreihe „Musik in alten Heidekirchen" statt.
- **Pferdekutschenfahrten**, Mitte April-Mitte Okt. Informationen beim Verkehrsverein. Kutschenfarten von Undeloh nach Wilsede.
- **Geführte Wanderungen**, n. V., Mai-Sept. Der Verein Naturschutzpark bietet Wanderungen um den Wilseder Berg oder in das Radenbachtal. Infos dazu beim Verkehrsverein.
- **Täglicher Markt**, Undeloher Marktplatz, Aug.-Sept. Vor allem kulinarische Heidespezialitäten, Heidschnuckenfelle, u. v. m.
- **Heideblütenfest**, am So des 2. Wochenendes im Sept.
- **Schlegel**, Seume-Haus, Wilseder Str. 23, ✆ 294

An der 4er-Kreuzung links Richtung Wesel ~ vorbei an der Kirche ~ am Ortsende beginnt ein Radweg ~ auf dem linksseitigen, schön asphaltierten Radweg, der sich zum Teil ein bis zwei Meter von der Straße entfernt, bis nach Wesel.

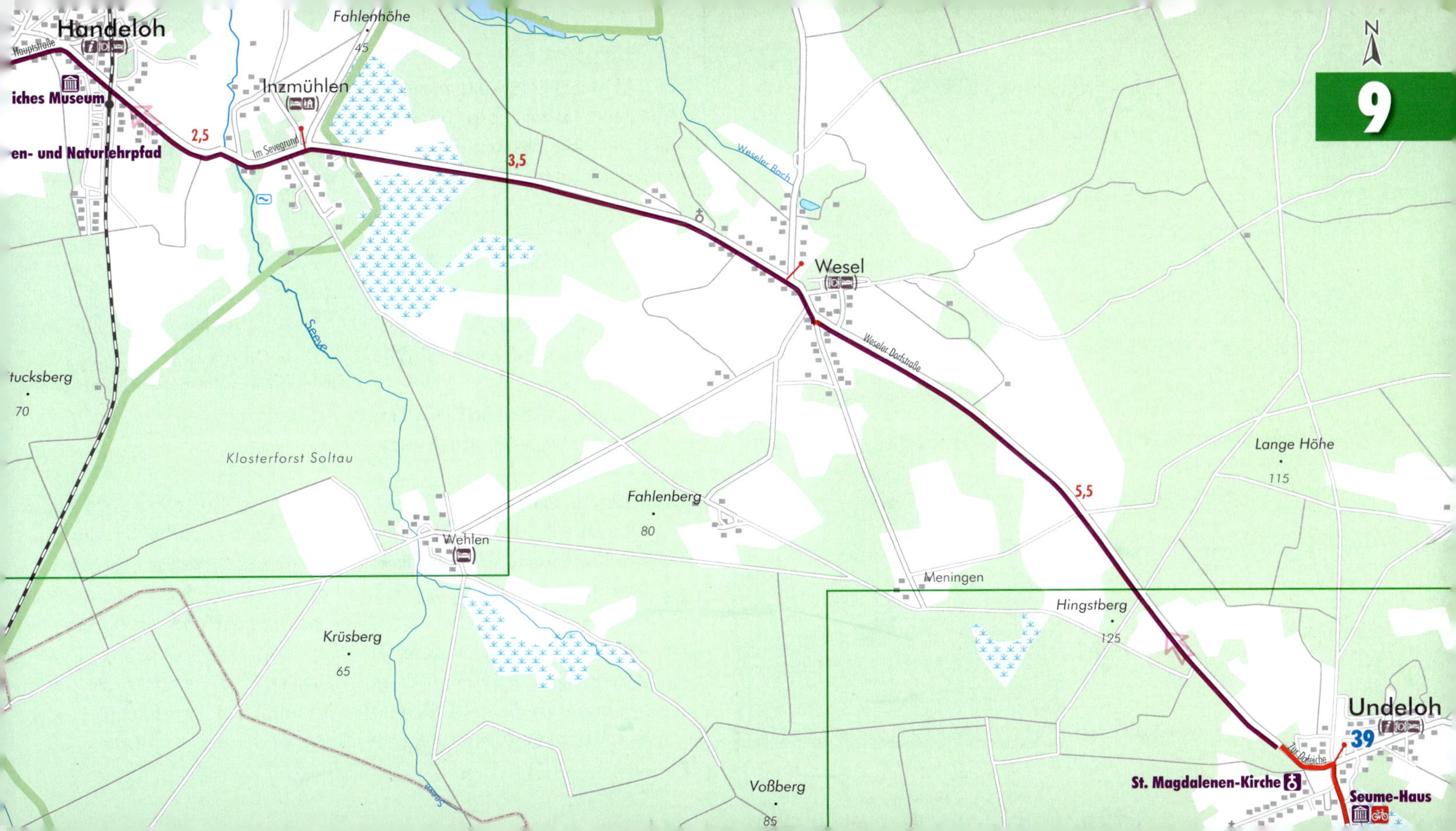

9
Handeloh
Hauptstraße
iches Museum
en- und Naturlehrpfad
Fahlenhöhe
45
Inzmühlen
Im Sevegrund
2,5
3,5
Weseler Bach
Wesel
Weseler Dorfstraße
Seeve
tucksberg
70
Klosterforst Soltau
Fahlenberg
80
Wehlen
Meningen
Lange Höhe
115
5,5
Hingstberg
125
Krüsberg
65
Voßberg
85
Undeloh
39
Zur Dorfeiche
St. Magdalenen-Kirche
Seume-Haus

Wesel

Im Ort der Rechtskurve folgen ⇝ in einer Linkskurve aus dem Ort hinaus ⇝ auf dem linksseitigen Radweg für rund 4 Kilometer ⇝ Sie erreichen den Ort Inzmühlen.

Inzmühlen

Auf dem Radweg durch den Ort ⇝ längere Zeit weiter auf dem Radweg ⇝ über die Gleise nach Handeloh hinein.

Handeloh

PLZ: 21256; Vorwahl: 04188

- **Bürger- und Verkehrsverein Handeloh**, Am Markt 1, ✆ 891011, www.handeloh.de
- **Naturkundliches Museum** „Alte Schmiede", Hauptstr. 42, ✆ 7413, ÖZ: April-Okt., Mi 10-12 Uhr und 14-17 Uhr, Sa 14-17 Uhr. Hier können Sie alles Wissenswerte und Interessante über die Tier- und Pflanzenwelt Norddeutschlands erfahren.
- **Planeten- und Naturlehrpfad**, Timmerloher Weg, ✆ 0172/4176923. Der rund 1,2 km lange Lehrpfad stellt das Sonnensystem im Maßstab 1:5 Mrd. dar. Bei jedem Planeten finden Sie zusätzlich eine Infotafel mit spannenden Details zum jeweiligen Himmelskörper.
- **Dorffest**, jedes Jahr im August

Im Ort der Linkskurve folgen ⇝ am Ortsende wechselt der Radweg auf die rechte Seite ⇝ auf diesem geht es bis nach Welle.

Windmühle in Kampen

Welle

An der Ampelkreuzung geradeaus ⇝ weiter auf dem rechtsseitigen Radweg ⇝ aus dem Ort hinaus ⇝ vorbei an einigen Häusern von **Kampen** ⇝ nach dem Ortsendeschild von Kampen links Richtung Otter ⇝ der Rechtskurve in den zweiten Ortsteil Kampen folgen.

Kampen

An der Stopp-Kreuzung geradeaus ⇝ weiter auf

der Straße **Am Mühlenberg** ⇝ vorbei an der Windmühle ⇝ aus dem Ort hinaus Richtung Otter ⇝ kurz auf der Straße bis nach Otter.

Otter

PLZ: 21259; Vorwahl: 04182

- **Das kleine Wäschemuseum**, Hauptstr. 21, ✆ 8377, ÖZ: Mai-Sept., Sa, So 14-17.30 Uhr u. n. V. Private Sammlung von Näharbeiten und Wäschestücken aus dem 19. und frühen 20. Jh.: von Bett- Leib- und Tischwäsche bis hin zu Lochstickereien und Monogrammen.

Tipp: Hier mündet die Variante über den Wilseder Berg wieder in die Hauptroute.

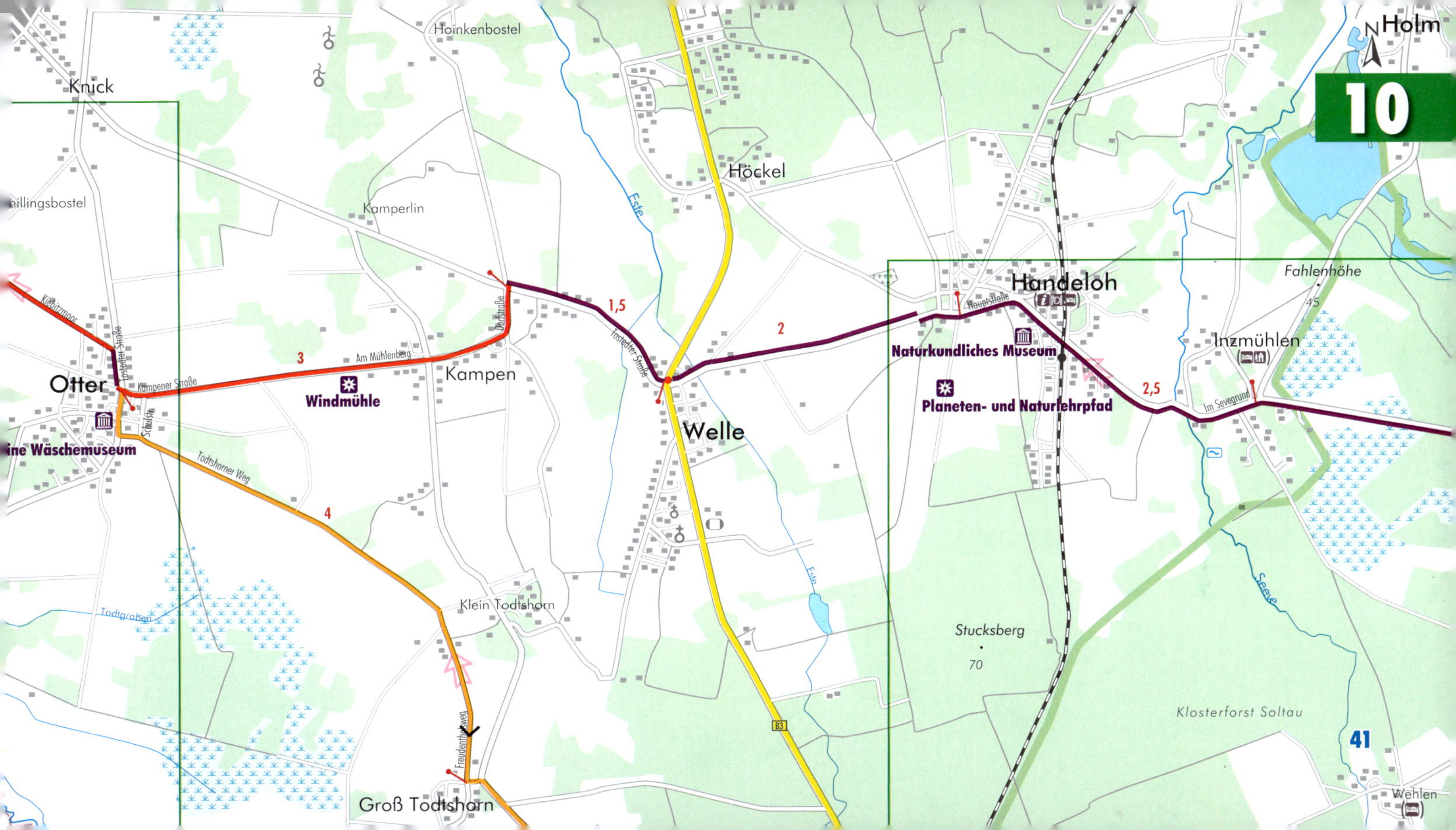

10
Holm
Hoinkenbostel
Knick
illingsbostel
Kamperlin
Höckel
Este
Handeloh
Fahlenhöhe
45
Naturkundliches Museum
Inzmühlen
Planeten- und Naturlehrpfad
Im Sevegrund
Hauptstraße
Kiebitzmoor
Tostedter Straße
Otter
Kampener Straße
Am Mühlenberg
Dorfstraße
Kampen
Windmühle
Welle
ine Wäschemuseum
Schulstr.
Todtshorner Weg
Klein Todtshorn
Todtgraben
Stucksberg
70
Seeve
Klosterforst Soltau
B3
Freudenthalweg
Groß Todtshorn
Wehlen
1,5
2
2,5
3
4

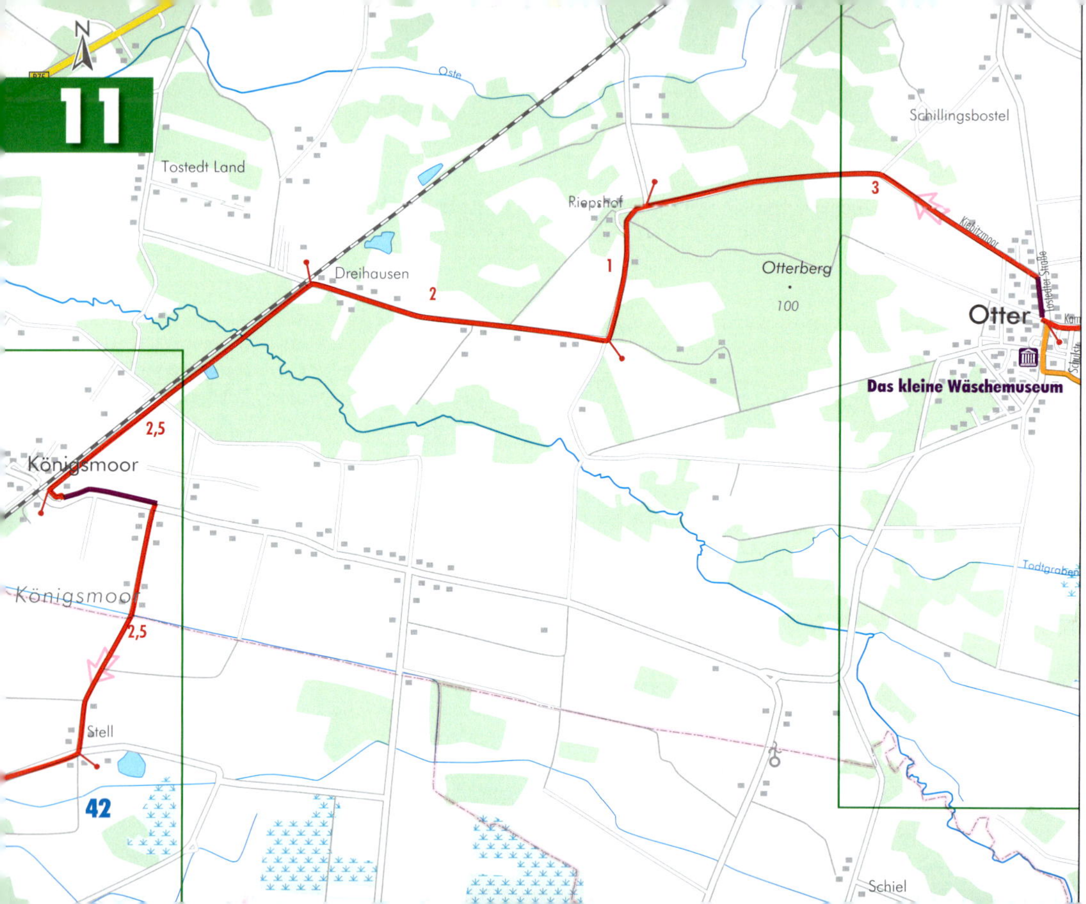

Von Otter nach Lauenbrück 16,5 km

An der Vorfahrtsstraße rechts auf den linksseitigen Radweg Richtung Tostedt ~ vor dem Ortsende links Richtung Riepshof ~ an der Kreuzung links halten ~ geradeaus weiter bis Riepshof.

Riepshof

Im Ort der starken Linkskurve folgen ~ auf dieser Straße aus dem Ort hinaus ~ an der 4er-Kreuzung rechts ~ schnurgerade bis zur Siedlung **Dreihausen** ~ vor den Gleisen der

Linkskurve folgen ⤳ für rund 2 Kilometer parallel zu den Gleisen ⤳ an der T-Kreuzung vor der Überführung in **Königsmoor** links ⤳ kurz rechts ⤳ gleich danach links auf den linksseitigen Radweg ⤳ rechts in die **Schulstraße** ⤳ dem Verlauf folgen bis nach Stell.

Stell

An der Vorfahrtsstraße rechts ⤳ weiter durch eine Allee ⤳ längere Zeit geradeaus auf dieser Straße bleiben ⤳ der starken Links-rechts-links-Kurve folgen ⤳ an der Vorfahrtsstraße rechts auf den linksseitigen Radweg ⤳ geradeaus über den Kreisverkehr ⤳ mittels einer Überführung über die Bahn ⤳ der Radweg wechselt auf die rechte Seite ⤳ weiter geradeaus in die **Berliner Straße**.

Lauenbrück Stadtplan s. S. 24

Tipp: In Lauenbrück hält der „metronom", mit dem Sie stündlich nach Bremen oder Hamburg fahren können, s. S. 10.

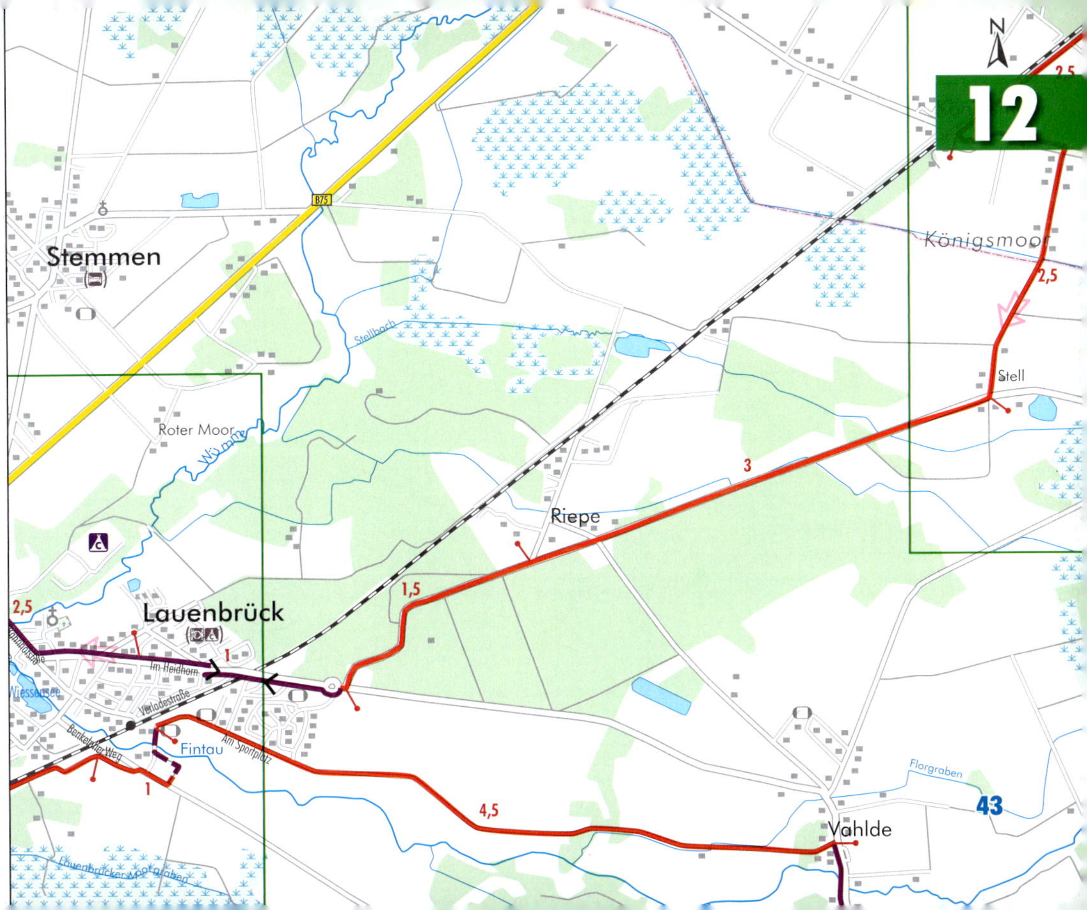

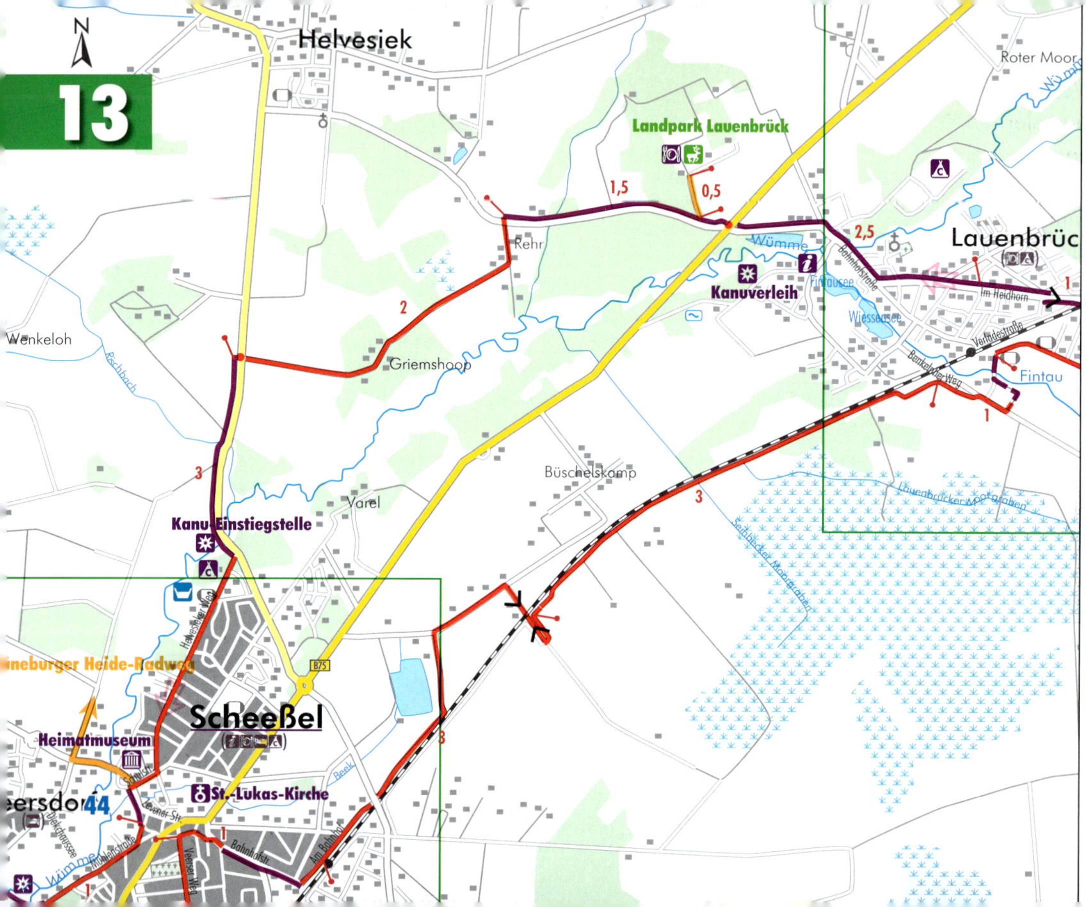

Landpark Lauenbrück

Von Lauenbrück nach Rotenburg (Wümme) 19,5 km

Der Rechtskurve in die **Bahnhofstraße** folgen ~ über eine kleine Brücke über die Wümme ~ auf dem rechtsseitigen Radweg aus Lauenbrück hinaus ~ die B 75 geradeaus überqueren.

Tipp: Rechts befindet sich der Landpark Lauenbrück, s. S. 24.

Weiter geradeaus auf dem Radweg ~ in der Rechtskurve links in das Asphaltband Richtung Rehr ~ nach den Häusern rechts ~ dem leicht kurvigen Verlauf folgen ⇝ der langgestreckten Rechtskurve folgen ⇝ vorbei am **Griemshoop**, einem großen Gutshof ⇝ an der großen T-Kreuzung links ⇝ weiter auf dem rechtsseitigen Radweg ⇝ über die Wümme ⇝ bei den ersten Häusern in den **Helvesieker Weg** Richtung Sportplatz ⇝ vorbei am Campingplatz und Freibad.

Scheeßel s. S. 22

An der 4er-Kreuzung rechts in die **Schulstraße** ⇝ an der T-Kreuzung links in die **Zevener Straße** auf den rechtsseitigen Radweg ⇝ in der Kurve rechts weg, dem Radwegschild folgend ⇝ in der Linkskurve rechts in die **Marktstraße** ⇝ an der Vorfahrtsstraße rechts in die **Mühlenstraße** ⇝ weiter zwischen alten Bäumen ⇝ an der Vorfahrtsstraße rechts Richtung Westerholz ⇝ vorbei an der Scheesseler Mühle ⇝ am Radweg hinaus aus dem Ort ⇝ kurz nach der Wümme-Brücke links ⇝ schnurgerade am Kanal entlang ⇝ dem allgemeinen Radschild nach links folgen ⇝ auf dem Asphaltband der Rechtskurve entlang ⇝ der Weg wird kurz unbefestigt ⇝ an der 4er-Kreuzung links in den gepflasterten Weg ⇝ der Rechts-links-Kurve über die Brücke folgen ⇝ kurz bergauf ⇝ in einer Rechtskurve über die B 75 ⇝ oben an der 4er-Kreuzung rechts ⇝ kurz bergab ⇝ weiter parallel zur **B 75** ⇝ dem Verlauf des **Lauenbrücker Weges** folgen ⇝ links verlaufen die Gleise ⇝ unter der Bundesstraße hindurch ⇝ an einem Gewerbegebiet vorbei ⇝ an der T-Kreuzung links in den **Westerholzer Weg** ⇝ in einer

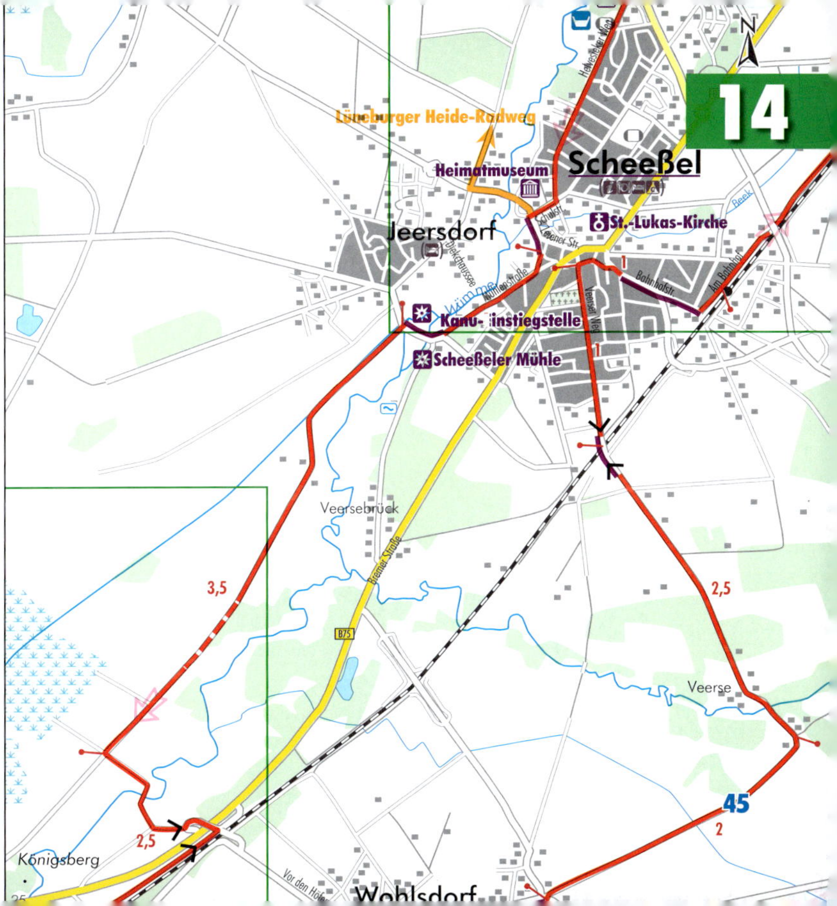

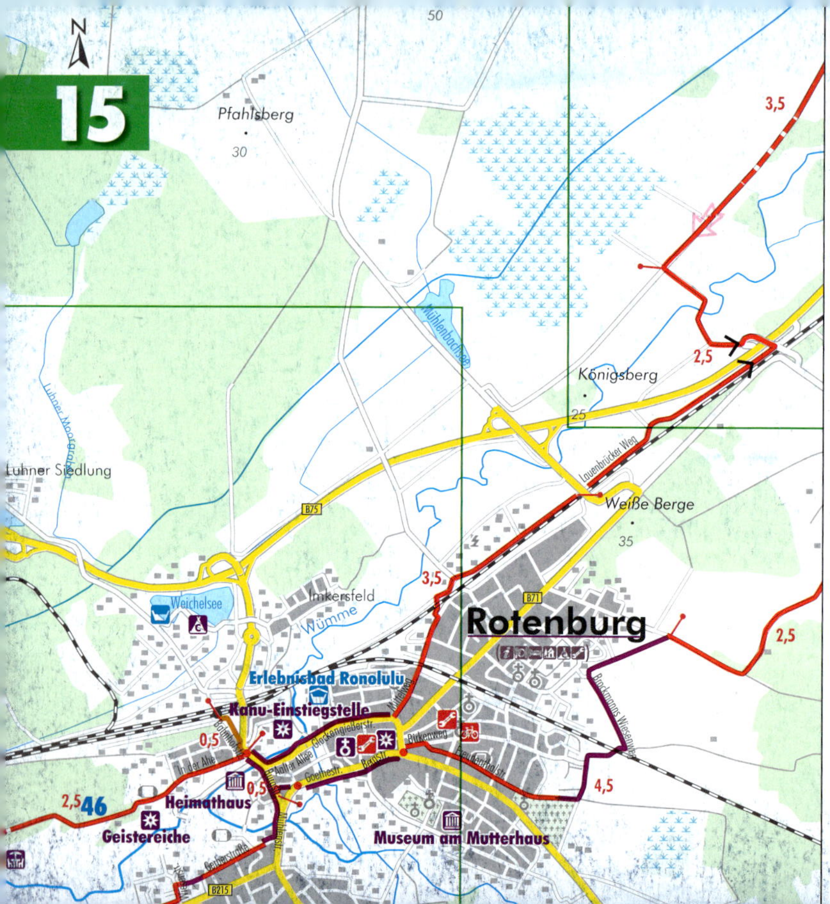

Bauerngarten in Rotenburg (Wümme)

Rechtskurve über eine Brücke ~ kurz bergauf ~ in einer Linkskurve über die Schienen ~ kurz bergab und an der T-Kreuzung rechts ~ dem Verlauf des **Mittelweges** folgen ~ wiederum Gleise überqueren ~ rechts beginnt ein Radweg ~ geradeaus auf den Radweg der **Glockengießerstraße** einfahren ~ diese geht über in die **Aalter Allee**.

Rotenburg (Wümme) **s. S. 18**

Von Rotenburg (Wümme) nach Bremen-Vegesack 70 km

Nördlich der Wümme führt die zweite Etappe Richtung Bremen. Vorbei an der Wassermühle von Stuckenborstel bringt Sie der Wümme-Radweg in den kleinen Künstlerort Fischerhude, wo mehrere Maler ihre Ateliers und Galerien gefunden haben.

Wenn Sie möchten, können Sie nun im Teufelsmoor für einige Kilometer Rad gegen Kanu oder Torfkahn tauschen und die Wümme mit ihren wunderschönen Ufergebieten ganz nah erkunden. Für Abwechslung ist auch gegen Ende der Tour gesorgt – sei es beim Besuch der Sternwarte in Lilienthal oder im historisch interessanten Vegesacker Hafen.

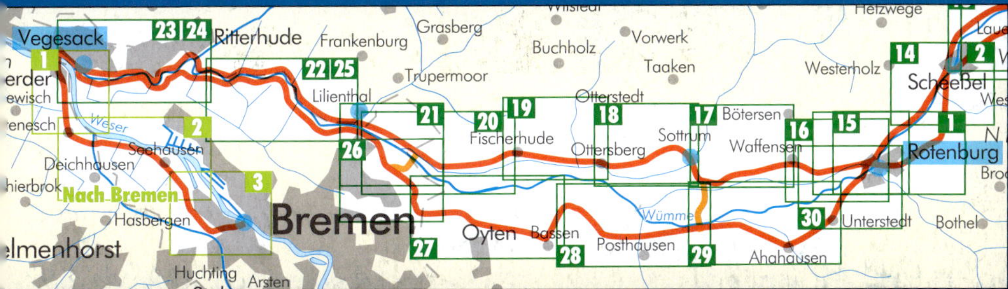

Diese Etappe verläuft zunächst auf ruhigen Landstraßen, später hauptsächlich auf Damm(rad)wegen. Der überwiegende Teil der Route ist asphaltiert.

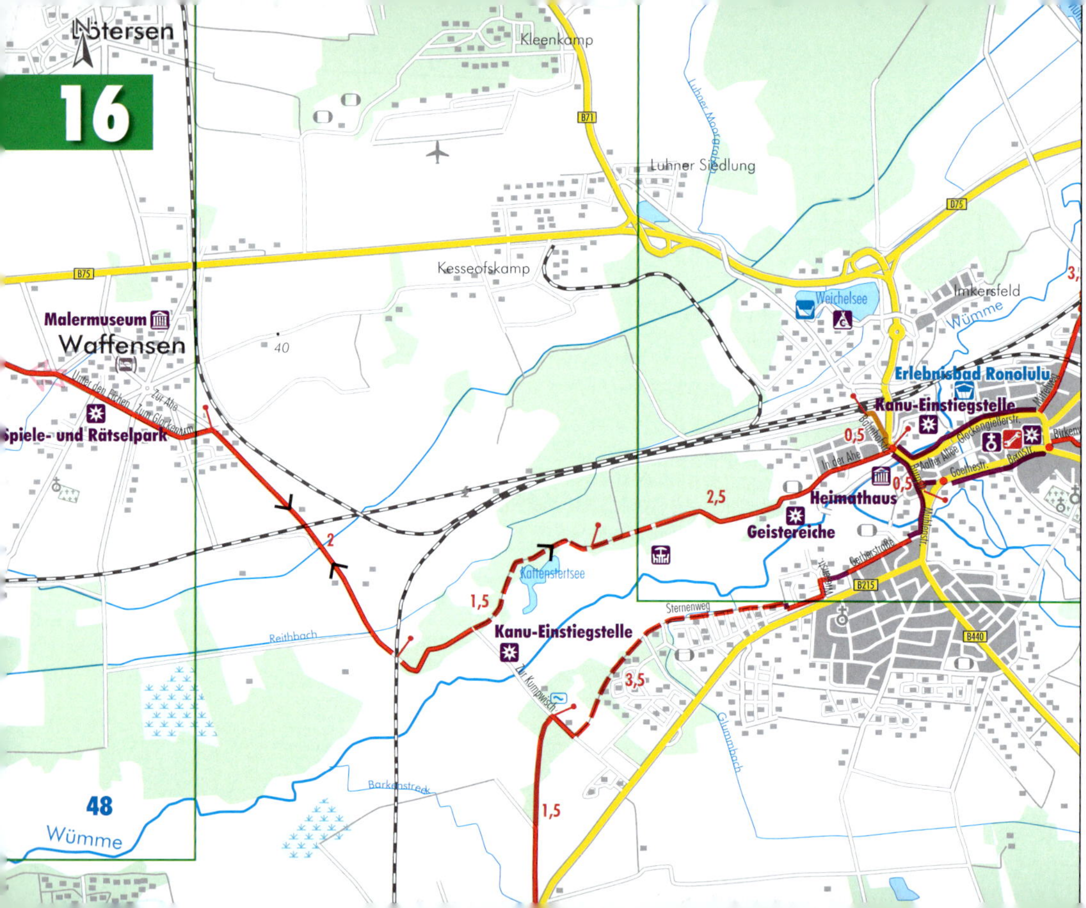

Rotenburg (Wümme) s. S. 18

Von Rotenburg (Wümme) nach Ottersberg *23 km*

An der großen Ampelkreuzung rechts Richtung Bremen ~ über die Wümme.

Tipp: Wenn Sie hier geradeaus weiterradeln, kommen Sie zum Bahnhof.

An der ersten Möglichkeit links in die Straße **In der Ahe** ~ vorbei an der Geistereiche ~ an der Gabelung links ~ vorbei an Schulen und an einem Rastplatz ~ an der Gabelung nach dem Rast- und Spielplatz links ~ geradeaus auf dem unbefestigten Waldweg ~ leicht bergab ~ über eine kleine Holzbrücke ~ an der T-Kreuzung rechts auf die asphaltierte Straße Richtung Sottrum ~ unter der Bahn hindurch ~ kurz bergauf und über die Schienen ~ kurz bergab und geradeaus weiter ~ in der Linkskurve links Richtung Sottrum ~ die Kreuzung geradeaus überqueren.

Waffensen

PLZ: 27356; Vorwahl: 04268

Malermuseum, Waffenser Dorfstr. 24, ✆ 557, ÖZ: n. V. Über 1.000 Exponate wurden in liebevoller Kleinarbeit vom Malermeister Leefers zusammengetragen und repariert. Das Ergebnis kann sich sehen lassen: Malerwerkzeug von der Musterwalze und dem Reibstein bis hin zu Fachliteratur und Vergolder-Werkzeugen dokumentieren das Handwerk von 1880 bis heute.

Enigma Spiele- und Rätselpark, Zum Glockenturm 14-20, ✆ 93050, nur nach vorheriger Anmeldung

Geradeaus durch den Ort ~ an der Gabelung geradeaus halten ~ kurz vor Ortsende, bei der alten Eiche, links in den **Schnederbuschweg** ~ aus dem Ort hinaus ~ an der 4er-Kreuzung geradeaus ~ dem leicht kurvigen Verlauf der Straße folgen ~ vorbei an einigen Höfen bis nach Hassendorf.

Hassendorf

Im Ort an der T-Kreuzung links ~ der Linkskurve folgen ~ in der Kurve rechts in die **Worthstraße** ~ an der Vorfahrtsstraße links in die **Bahnhofstraße** ~ auf dem rechtsseitigen Radweg dem Straßenverlauf folgen bis zum nächsten Ort ~ der Radweg wechselt auf die linke Seite.

Tipp: Links befindet sich der Bahnhof von

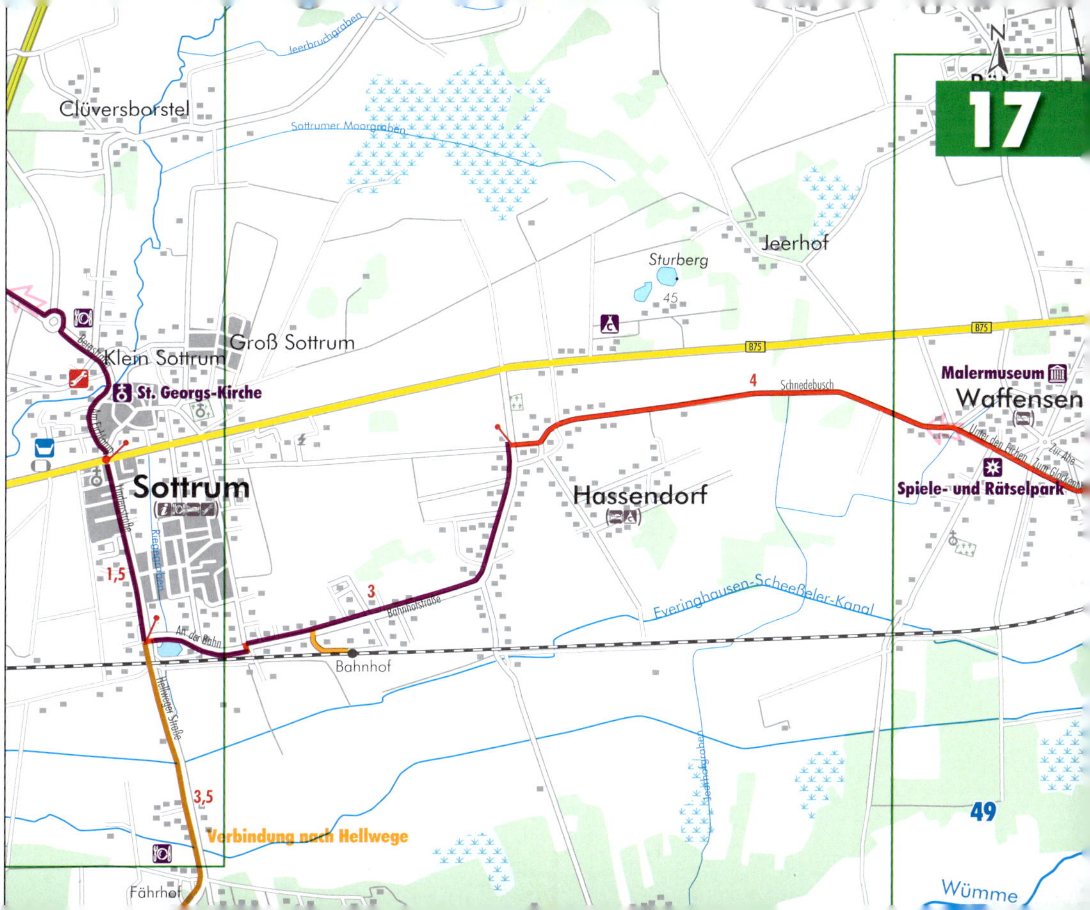

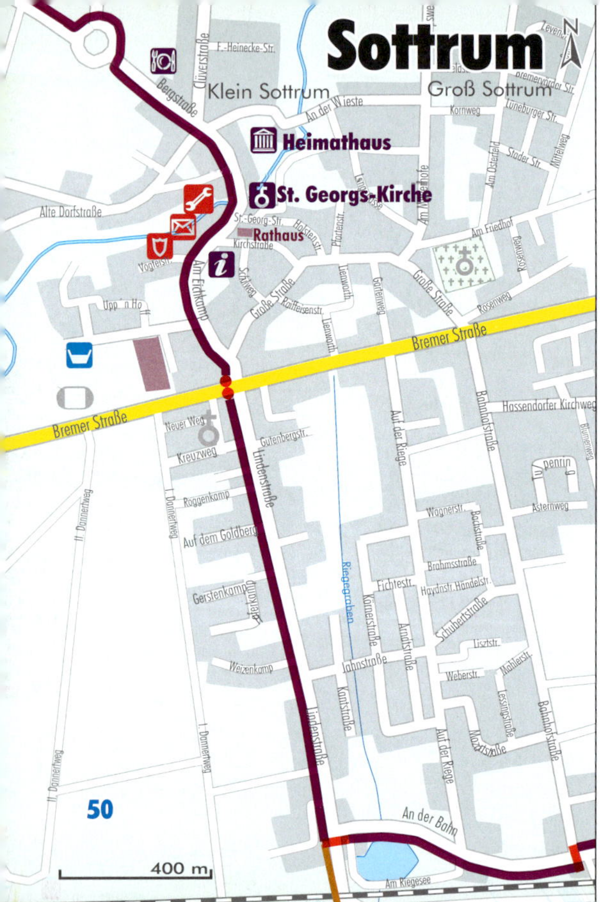

Sottrum. Von hier aus können Sie bequem per Regionalbahn weiterfahren.

Sottrum

PLZ: 27367; Vorwahl: 04264

- **Samtgemeinde Sottrum**, Am Eichkamp 12, ✆ 83200, www.sottrum.de
- **Heimathaus Sottrum**, mit Backhaus und originaler, historischer Scheune
- **St. Georgs Kirche**, evang. Gotteshaus
- **Stuckenborsteler Wassermühle**, ✆ 2931, Besichtigung n. V. Liebevoll renovierte Wassermühle mit komplett erhaltenen Mahlgängen.
- **Ahauser Wassermühle**, ✆ 04269/6104, Besichtigung nur von außen. Herrlich gelegen erhielt die Mühle früher ihre Wasserenergie aus dem dafür angestauten Teich; heute nicht mehr in Betrieb.
- **Kräuterregion Wiesteniederung**, Kontakt: Fr. Hildebrandt, ✆ 82000. Führungen, Wanderungen und Radtouren zum Thema Kräuter, 5-7 km nördlich von Sottrum.
- **Henke**, Bergstr. 1, ✆ 991122

Tipp: An der nächsten Kreuzung können Sie entweder auf der Nordroute weiter Richtung Bremen fahren, oder aber Sie radeln hier

links und kommen über ein kurzes Verbindungsstück auf die Südroute nach Hellwege. Die weiterführende Beschreibung der Südroute in diesem Abschnitt finden Sie ab Karte 26.

Für die Hauptroute an der T-Kreuzung rechts ~ auf dem linksseitigen Radweg entlang der **Lindenstraße** ~ die B 75 geradeaus überqueren ~ auf dem Radweg dem kurvigen Straßenverlauf folgen ~ entlang der **Bergstraße** aus Sottrum hinaus ~ beim Kreisverkehr die zweite Ausfahrt Richtung Reeßum ~ weiter auf dem rechtsseitigen Radweg ~ mittels einer Brücke über die A 1 ~ auf dem Radweg bis nach Reeßum.

Reeßum

Der starken Linkskurve Richtung Otterstedt folgen ~ am Ortsende links in die Straße **Hinter den Höfen** ~ an der T-Kreuzung rechts ~ außerhalb des Ortes rechts dem allgemeinen Radschild folgend ~ nach der Linkskurve wird der Weg gepflastert ~ bis Eckstever ist der Weg abwechselnd asphaltiert und gepflastert.

Eckstever

An der Gabelung rechts ~ an der folgenden Gabelung links Richtung Ottersberg.

Tipp: Wer die Kreisstraße umgehen möchte, kann auch auf der orange gekennzeichneten Alternativstrecke nach Ottersberg radeln.

Nach Eckstever wieder Asphalt ~ durch eine Allee ~ vorbei an einem Betriebsgelände ~ an der Kreuzung links Richtung Ottersberg ~ auf

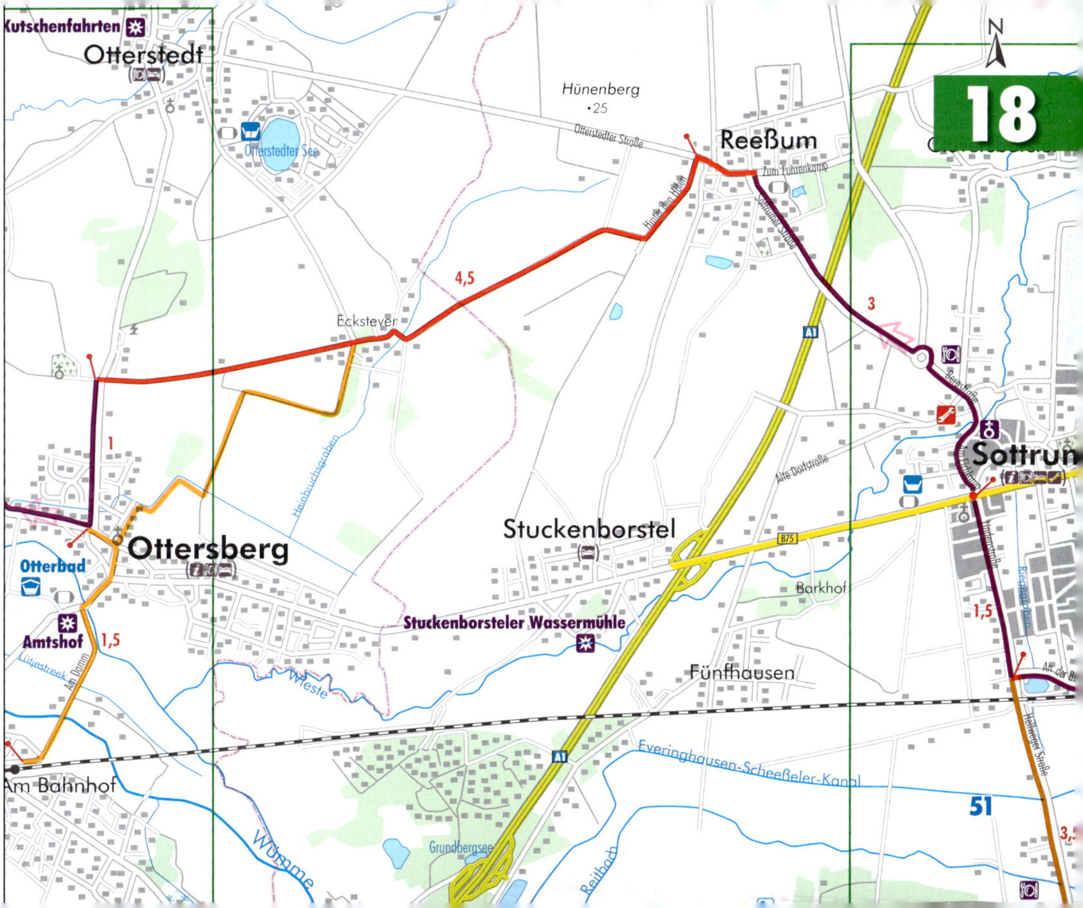

dem rechtsseitigen Radweg bis Ottersberg.

Tipp: Um zum Bahnhof zu gelangen, wo Sie mit der Regionalbahn weiterfahren können, halten Sie sich an der Vorfahrtsstraße links und folgen der Orange gekennzeichneten Route.

Ottersberg

PLZ: 28870; Vorwahl: 04205

- **Flecken Ottersberg**, Grüne Str. 24, ✆ 31700, www.ottersberg.de
- **Amtshof Ottersberg**, ✆ 31680. Das Gebäude aus dem 16. Jh. ist Nachfolger einer Wallburganlage in den Wümmeniederungen. Weiters sind Reste vom Wall und dem Burggraben erhalten.
- **Kutschfahrten**, Im Kaiserlichen 10, ✆ 04205/778220
- **Fahrradtransporte** Gerstein & Pockels, ✆ 396396
- **Otterstedter See**, idyllisch gelegener Badesee mit Liegewiese, rund 3 km nördlich von Ottersberg.
- **Otterbad**, Fährwisch 7, ✆ 7000

Von Ottersberg nach Lilienthal — *19 km*

An der Vorfahrtsstraße rechts auf den rechtsseitigen Radweg ~ nach der Brücke links in die schmale Straße **Mayenbrook** ~ der Linkskurve folgen ~ über eine kleine Brücke ~ gleich danach links und wieder über eine Holzbrücke ~ nach dieser rechts auf den kurz gepflasterten Weg ~ der Weg wird unbefestigt ~ dem kurvigen Verlauf zwischen Feldern folgen ~ an der Kreuzung geradeaus auf die asphaltierte Straße ~ an der Gabelung rechts ~ über eine kleine Brücke ~ an der T-Kreuzung links Richtung Ebbensiek.

Tipp: An dieser Kreuzung trifft auch der Lüneburger Heide-Radweg auf den Wümme-Radweg. Details dazu finden Sie im ***bikeline***-Radtourenbuch Lüneburger Heide-Radweg.

Geradeaus durch eine Wohnsiedlung.

Fischerhude

PLZ: 28870; Vorwahl: 04293

- **Pfarrkirche.** Die 1841 errichtete Biedermeierkirche bildet das Zentrum des Ortes. Eine Besonderheit stellen die 39 barocken Grabsteine dar, die an der Friedhofsmauer rund um die Kirche angeordnet wurden. Diese lagen zunächst in Wilstedt, wohin die Einwohner von Fischerhude bis 1852 zum Gottesdienst gingen. Als nun in Fischerhude eine eigene Pfarrkirche errichtet wurde, holten die Bewohner auch ihre Grabsteine nach Fischerhude zurück.
- **Otto Modersohn Museum**, In der Bredenau 95, ✆ 328, ÖZ: tägl. 10-18 Uhr. Die Werke von Otto Modersohn, von der Akademiezeit bis zu den Spätwerken, sind hier in einer alten Fachwerkscheune ausgestellt. Modersohn lebte von 1865-1943 und war vor allem ein Vertreter der romantischen Landschaftsmalerei, beeinflusst von den französischen Impressionisten. Zusätzlich finden hier immer wieder wechselnde Sonderausstellungen statt.
- **Fischerhuder Galerie**, In der Bredenau 1A, ✆ 492, ÖZ: Mo-Fr 10-13 Uhr und 14.30-18 Uhr, Sa 10-18 Uhr, So 14-18 Uhr. Wechselnde Ausstellungen von verschiedensten Künstlern werden in einem ehemaligen Pferdestall präsentiert.
- **Heimathaus Irmintraut** (1764), Kirchstr. 2, ✆ 7186, ÖZ: Di-So 11-13 Uhr und 15-17 Uhr. Dieses typische, niedersächsische Zweiständerhallenhaus ging aus dem sogenannten „Tietjenhof" hervor und wurde 1934 als Museum mit originalen bäuerlichen Einrichtungsgegenständen eröffnet.

- **Kunstschau in Buthmanns Hof**, Im Krummen Ort 2, ✆ 786676. Galerie mit Werken von Fischerhuder Malern.
- **Fischerhuder Hofkonzerte**, Zum Karolsfeld 11, Quelkhorn, ✆ 7486
- **Fahrradtransporte** Gerstein & Pockels, ✆ 7775
- **Haase**, Zum Dieker Ort 3, ✆ 7380 od. ✆ 04298/3795

Geprägt durch die Landschaft von Moor, Geest, Wald, Heide und Düne, sowie den weiten Flussläufen der Wümme, entwickelte sich Fischerhude zum heutigen Bauern- und Künstlerdorf. Das Besondere an diesem Ort waren und sind die immer wiederkehrenden Maler und Bildhauer. Begonnen hat dies alles mit Otto Modersohn und seinem Freund Fritz Overbeck, die Ende des 19. Jahrhundert hier ihre Landschaftsbilder malten. Ein weiterer wichtiger Name ist jener von Heinrich Breling, der hier geboren und dessen Zeichentalent auch hier entdeckt wurde. Nachdem er als „Königlicher Malprofessor" für Ludwig II. gearbeitet hatte, kehrte er nach Fischerhude zurück und malte Alltagsszenen wie beispielsweise die Kornernte oder Mütter mit ihren Kindern. Zahlreiche weitere Maler und Bildhauer lebten

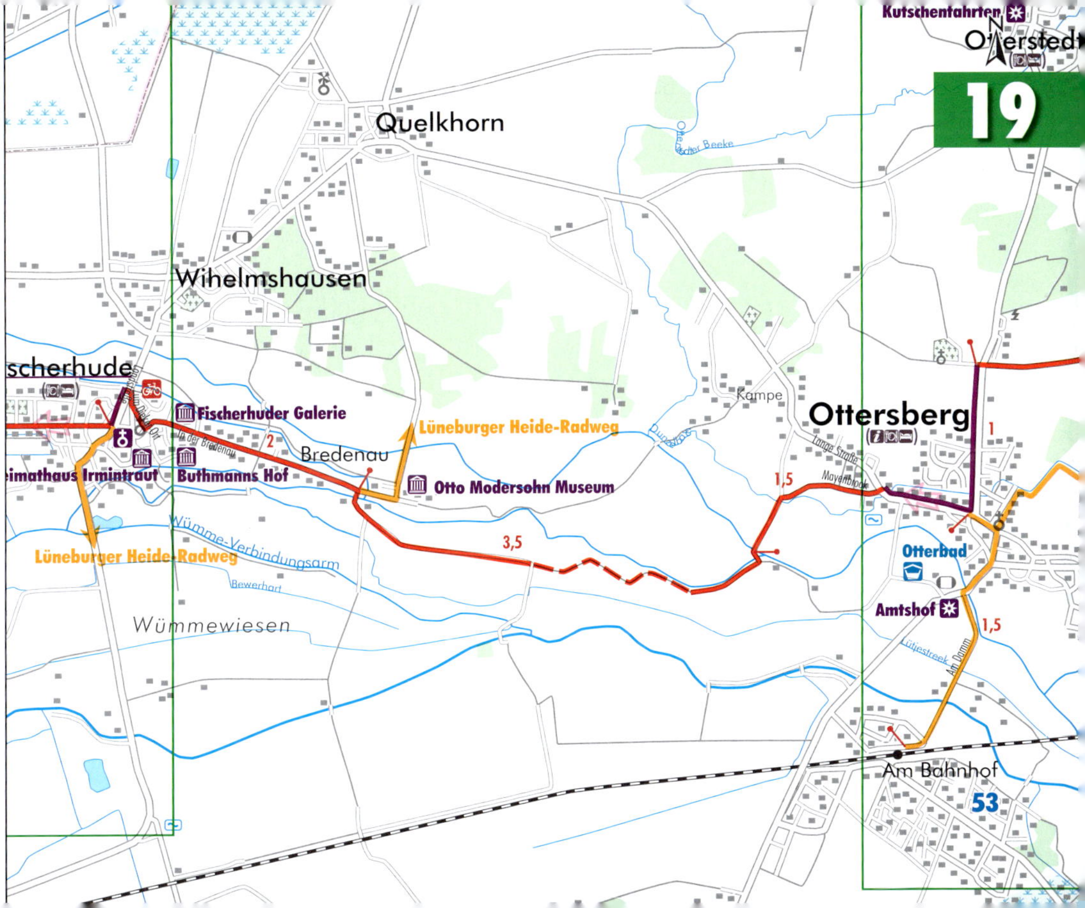

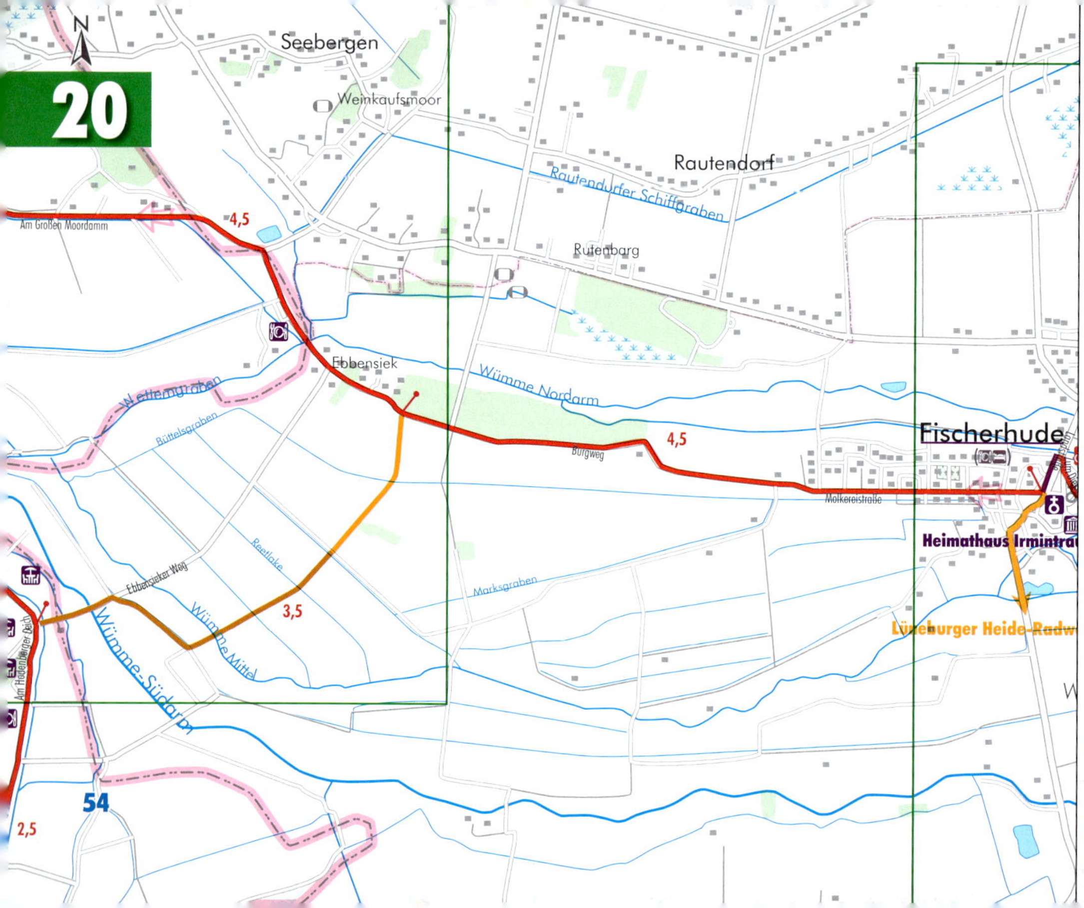

und leben bis heute in Fischerhude, nicht zuletzt aufgrund der malerisch-idyllischen Landschaft.

Vor der Kirche rechts ~ an der T-Kreuzung rechts ~ an der Vorfahrtsstraße links auf den rechtsseitigen Radweg ~ an der Ampel rechts in die **Molkereistraße** ~ auf dieser Straße aus dem Ort hinaus ~ durch eine Allee ~ vorbei an einem Schützenhaus ~ dem Straßenverlauf längere Zeit folgen ~ geradeaus über die 4er-Kreuzung.

Tipp: Wer die Variante zur Südroute fahren möchte, biegt an der nächsten Möglichkeit links ein, für die Nordroute geht es geradeaus weiter.

Verbindung Nord-Süd-Route bei Ebbensiek *3,5 km*

Auf dem Asphaltband zwischen Feldern bis zur 4er-Kreuzung ~ hier geradeaus weiter ~ an einem Schranken vorbei ~ über zwei Holzbrücken ~ an der T-Kreuzung rechts ~ an der folgenden Kreuzung links ~ mittels einer Brücke über den Wümme-Südarm ~ an der T-Kreuzung stoßen Sie auf die Südroute.

Tipp: Die weiterführende Beschreibung der Südroute in diesem Abschnitt finden Sie ab Karte 26.

Für die Hauptroute geradeaus weiter Richtung Lilienthal ⇝ durch die Siedlung **Ebbensiek** ⇝ über eine Brücke über den Wümme Nordarm ⇝ an der T-Kreuzung links ⇝ der Linkskurve folgen ⇝ längere Zeit geradeaus entlang der Wümmewiesen ⇝ an der Gabelung links ⇝ entlang des Kanals geradeaus dem Straßenverlauf folgen ⇝ an der Kreuzung mit der Butendieker Landstraße geradeaus in die **Warfer Landstraße** ⇝ über eine kleine Brücke ⇝ durch ein Wohngebiet ⇝ an der Vorfahrtsstraße rechts auf den rechtsseitigen Radweg.

Lilienthal

PLZ: 28865; Vorwahl: 04298

- **Gästeinformation Lilienthal**, Klosterstr. 16, ✆ 929118, www.lilienthal.de
- **Klosterkirche St. Marien**, Klosterstr. 14, ✆ 1053, Schlüssel zur Besichtigung bei der Gästeinformation Lilienthal. Markante Backsteinkirche mit Arkadenverblendung und einfachem Dachreiter.
- **„Murkens Hof"**, Klosterstr. 25, ✆ 929241, ÖZ: Mo, Di, Do 8-

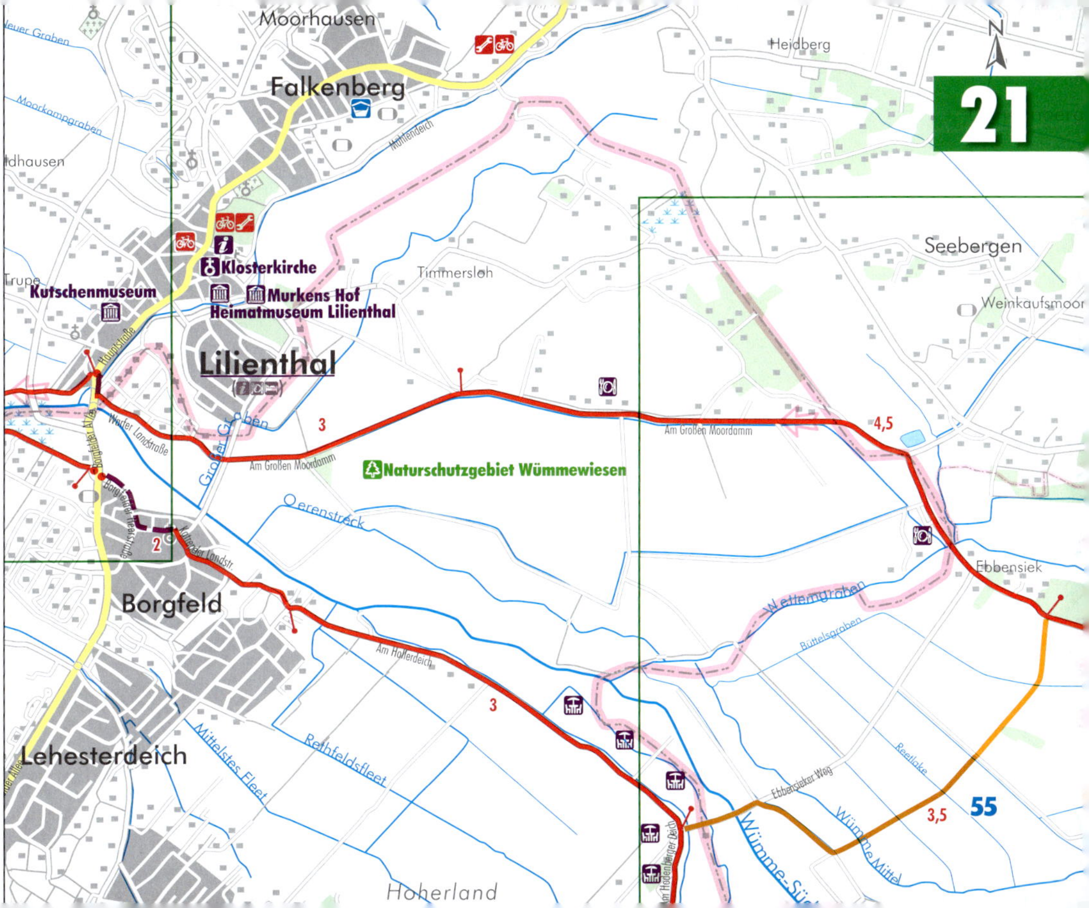

18 Uhr, Fr 8-12 Uhr, Sa, So 11-17 Uhr. Das kulturelle Zentrum im schönen Fachwerkhaus beherbergt nicht nur das Kulturamt und die Kunststiftung, sondern es finden hier auch zahlreiche Konzerte, Lesungen und Vortrage statt.

Heimatmuseum Lilienthal, Klosterstr. 16b, ✆ 6011, ÖZ: So 11-12 Uhr. Auf den historischen Spuren des alten Klosters und der weltberühmten Sternwarte von Hieronymus Schroeter wandelt das Heimatmuseum Lilienthal. Zeichnungen, Fotos und Modelle veranschaulichen die Entwicklung des Klosters und der Sternwarte.

Niedersächsisches Kutschenmuseum, Lilienthal-Trupe 10, ✆ 6638, ÖZ: April-Okt., So 11-12 Uhr. Seit 1977 können hier in einer Scheune zahlreiche historische Kutschen besichtigt werden.

Freilichtbühne Lilienthal, Höge 2, ✆ 30198, ÖZ: Mai-Okt. Seit über 20 Jahren begeistern auf dieser herrlich gelegenen Freilichtbühne Theaterstücke und Konzerte Jung und Alt.

Astronomische Vereinigung Lilienthal, Wührden 17, ✆ 2499. Die Gesellschaft bietet Himmelsbeobachtungen mit dem Teleskop und Veranstaltungen zum Thema Astronomie und Hieronymus Schroeter.

Klosterkirche

Der kleine Skulpturen-Park, Sternwartestr. 14F, ✆ 2138. Zahlreiche Bronzeplastiken rund um die Themen Mensch, Tier und Metamorphose sind in einem sehr schön angelegten Garten zu besichtigen.

Torfkahnfahrten, Klosterstr. 16, ✆ 929118, Mai-Okt.

Kanu-Scheune, Hauptstr. 2, ✆ 697595, Mai-Okt., Kanutouren und -verleih. Spezielle Angebote für Kombination Rad & Kanu, weitere Infos zu Wasserwandern auf der Wümme, s. S. 11.

Hallenbad Lilienthal, Zum Schoofmoor 7, ✆ 31155

Fahrradhaus Kück, Falkenberger Landstr. 97, ✆ 3757

wiegetritt – cycle components, Hauptstr. 86, ✆ 417061

Fahr zu Rolf, Hauptstr. 42, ✆ 699653

1232 wurde im heutigen Lilienthal vom Bremer Erzbischof ein Kloster gegründet, dessen Wappen die Jungfrau Maria mit dem Jesuskinde zwischen zwei Lilien sitzend zeigte. Das Kloster steht schon lange nicht mehr, am Wappen und Namen der Stadt sind allerdings die Ursprünge noch deutlich zu erkennen.

Wümme bei Lilienthal

Am ehemaligen Klostergelände wurde im 18. Jahrhundert der Amtsgarten Lilienthals angelegt, in dem wiederum rund 100 Jahre später der bis heute bekannte Astronom Johann Hieronymus Schroeter (1745-1816) eine riesige Sternwarte errichten ließ. Diese damals größte Warte Europas mit mehreren Großteleskopen ermöglichte eine detaillierte Beobachtung des Mondes, was Lilienthal den Ruf des Zentrums der Astronomie einbrachte. Ein Großteil der Aufzeichnungen Schroeters wurde leider durch die napoleonischen Truppen zerstört, die noch übriggebliebene Hinterlassenschaft wird jedoch bis heute von der Astronomischen Vereinigung Lilienthals verwaltet und gepflegt.

Kulturlandschaft Teufelsmoor

Man könnte sagen, das Gebiet des Teufelsmoores sei unfruchtbar, nebelig, grau und unheimlich; man könnte aber auch sagen, die Landschaft rund um die Flüsse Weser, Lesum, Hamme und Wümme sei moorig, mystisch, interessant und geheimnisvoll.

Paula Modersohn-Becker nannte es ein „Wunderland". Warum? Vielleicht, weil aus den unfruchtbaren, feuchten Böden durch lange, harte Arbeit und viele Entwässerungskanäle ein kultiviertes Land entstand. Vielleicht auch deshalb, weil genau hier in den Überschwemmungsgebieten wieder Wiesenvögel ihre natürliche Heimat gefunden haben. Vielleicht aber auch deshalb, weil genau diese Wildnis zahlreiche Künstler wie Rainer Maria Rilke angezogen hat, die hier ihre Galerien und Ateliers eingerichtet haben.

Teufelsmoor

Machen Sie sich am besten selbst ein Bild von diesem „Wunderland" – zu Fuß, per Rad, mit der Kutsche oder am besten direkt auf den Wasserläufen per Torfkahn oder Kanu. Unternehmen Sie eine kleine Reise in die Vergangenheit, als das Moor noch undurchdringlich war und die Flüsse über ihre Ufer schwappen durften.

Von Lilienthal nach Bremen/Vegesack 28 km

An der Ampelkreuzung links ⇝ der Weg wird gepflastert ⇝ an den letzten Häusern vorbei und aus dem Ort hinaus.

Tipp: Nach Lilienthal können Sie entweder auf dem befestigten Weg weiterradeln oder auf dem parallel dazu verlaufenden Dammradweg. Letzterer ist allerdings unbefestigt und zum Teil verwachsen.

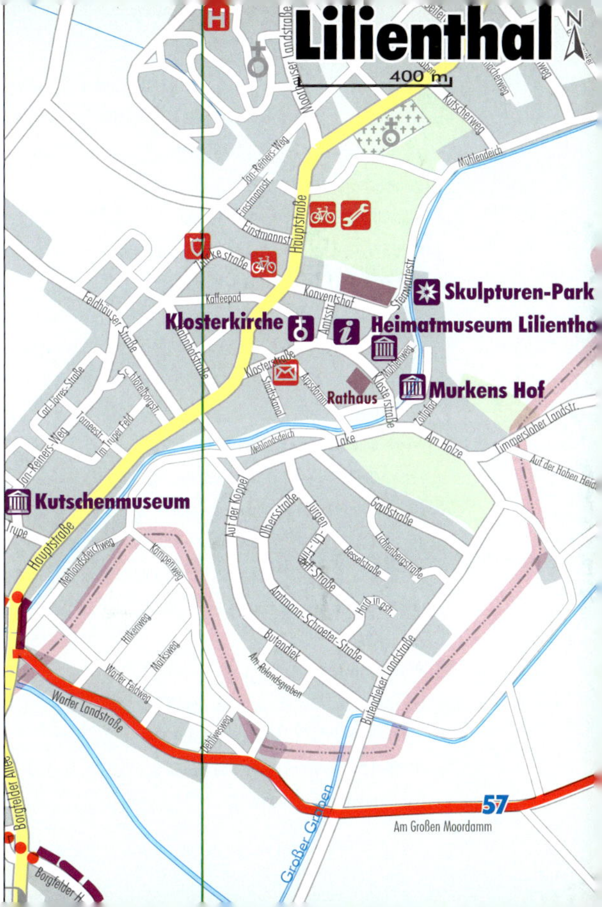

Weiter auf diesem Weg ⤳ vorbei an kleinen Teichen ⤳ der Weg wird asphaltiert.

Tipp: Vor dem großen Rechtsbogen können Sie von Mai bis September mit einer Fähre ans andere Ufer der Wümme wechseln.

Längere Zeit diesem Weg folgen ⤳ nach einem großen Bogen vorbei am Gasthaus „Zur Schleuse".

Tipp: Hier können Sie von April bis Oktober mittels einer Fähre die Wümme queren.

Geradeaus weiter ⤳ über eine Brücke ⤳ dem Asphaltband für rund 4 Kilometer folgen.

Geradeaus über die K 43 ⤳ ⚠ Achtung beim Überqueren, kein Schutzweg ⤳ dem Weg für rund 2 Kilometer folgen ⤳ an der T-Kreuzung links auf den linksseitigen Radweg ⤳ der Linkskurve folgen ⤳ über eine große Brücke.

Ritterhude

PLZ: 27721; Vorwahl: 04292

- **Gästeinformation im Ritterhuder Veranstaltungszentrum**, Riesstr. 11, ✆ 819531, www.ritterhuder-veranstaltungen.de
- **Kirche St. Johannes**, seit 1702 wurde in mehreren Bauphasen die Kirche samt Turm errichtet.
- **Rathaus**. Eines der sechs „Riesgebäude" von Ritterhude, die die Gebrüder Ries der Gemeinde spendeten, nachdem sie nach Amerika ausgewandert waren und dort ein Vermögen erarbeitet und an der Börse erwirtschaftet hatten. Das Rathaus dient heute u. a. als Kulturstätte und Ausstellungsraum.
- **Schleuse Ritterhude**. Sie wurde 1875 errichtet, um das Niederungsgebiet der Hamme im Sommer vor Überflutungen zu schützen. Im Winter hingegen waren Überschwemmungen sogar gern gesehen, da der mitgeführte Schlick der perfekte Dünger für Wiesen und Felder war. Eine weitere Funktion war die Schifffahrtsschleuse für Boote und Kähne. Seit 1985 steht die Ritterhuder Schleuse unter Denkmalschutz.
- **Torfkahnfahrten auf der Wümme**, Riesstr. 11, ✆ 819531. Auf der ruhigen Fahrt durch die Hammeniederung können Sie neben Flora und Fauna auch die Geschichte der Moorkolonisation erleben.
- **Mündung von Hamme und Wümme** in die Lesum

Nach der Brücke links im spitzen Winkel auf den unbefestigten Weg ⤳ vorbei an einem Parkplatz ⤳ dem Weg entlang der Lesum folgen ⤳ der Weg wird asphaltiert ⤳ unter einer Autobahn hindurch ⤳ links verläuft ein Damm und dahinter die Lesum ⤳ beim Hafen an der T-Kreuzung links auf den linksseitigen Radweg ⤳ über die Gleise ⤳ geradeaus über die Bremer Heerstraße ⤳ auf diesem Radweg entlang des Dammes radeln ⤳ der starken Rechtskurve folgen.

Bremen-Burglesum

PLZ: 28717; Vorwahl: 0421

- **Das Ortsamt**, Hindenburgstr. 61, ✆ 3617100, www.lesum.de
- **Martinikirche** mit Wehrturm
- **Knoops Park**, rund 65 ha wunderschöne Parklandschaft an der Lesum, benannt nach dem Bremer Kaufmann Ludwig Knoop

Geradeaus in den **Admiral-Brommy-Weg** ⤳ nach dem kleinen runden Platz geradeaus in den schmalen Radweg ⤳ längere Zeit diesem Weg folgen ⤳ der Radweg geht über in den Weg **Am Wasser**.

Tipp: Hier haben Sie nun die Wahl, ob Sie links über die Lesumer Schleuse radeln und somit zur Südroute wechseln, oder ob Sie noch 3 Kilometer bis zum Vegesacker Hafen fahren und von dort aus auf dem Weser-Radweg einen Abstecher nach Bremen machen.

St.Jürgen
Oberende
Frankenburg
22
St. Jürgensland
Alte Wörpe
Maschinenfleet
Mittelbauer Sielfleet
Kirchweg
Höftdeich
6,5
2
Wummensiede
Dammsiel
Lammsiedlung
Alte Wettern
Neue Wettern
Mittelbauersiel
7
Niederblockland
Gehrden
Mittelkampfleet
Neuer Graben
Moorkampgraben
Feldhauser Straße
Feldhausen
Trupe
Kleine Wümme
Blockland
Piepengraben
A27
Clats Wettern
Harjes Wettern
7
2,5
Oberblockland
Kutschenmuseum
Truperdeich
3
Borgfelder Deich
Neuzdeich
Am Lehester Deich
Holler Fleet
Leeskampfleet
Waller Feldmarksee
59
Borgfelder Allee
Hauptstraße
Warfer Landstraße
Oslebshauser Straße
elingen

Der offizielle Wümme-Radweg führt bis Vegesack, wer jedoch nach Rotenburg am Südufer weiterradeln möchte, kann – wie oben beschrieben – bereits hier über die Schleuse fahren. Die weiterführende Beschreibung für die Südroute finden Sie ab Karte 24.

Diesem Asphaltband folgen bis zu einer starken Linkskurve vor einem großen weißen Gebäude ~ hier rechts bergauf in die Straße **Grohner Markt** in Richtung des großen Backsteingebäudes ~ bei der Kirche an der Kreuzung links ~ auf dem linksseitigen Radweg über die große Ampelkreuzung ~ am Hafen der Linkskurve folgen.

Tipp: Rechts befindet sich die Bahnstation Bremen/Vegesack.

Leicht bergauf in der Straße **Zur Vegesacker Fähre** ~ nach der Linkskurve kurz bergab zur Fähre ~ mit dieser über die Weser.

Tipp: Von Montag bis Freitag können Sie hier alle 10 Minuten mit der Fähre nach Lemwerder übersetzen, Samstag und Sonntag alle 20 Minuten.

Radweg bei Ritterhude

Am südlichen Ufer einige Meter geradeaus und Sie haben den Endpunkt der Nordroute, den Bahnhof von Lemwerder, erreicht.

Tipp: An dieser Stelle treffen Sie auf den Weser-Radweg, dem Sie entweder Richtung Süden nach Minden und Hann. Münden folgen können – oder Sie wählen die Route Richtung Norden nach Cuxhaven an die Elbe. Genaue Karten und Beschreibungen dazu finden Sie im *bikeline*-Radtourenbuch Weser-Radweg.

Bremen-Vegesack

PLZ: 28757; Vorwahl: 0421

- **City Marketing Vegesack**, Gerhard-Rohlfs-Str. 59, ✆ 2223990, www.city-marketing-vegesack.de
- **Kirche Aumund** (1877), evang. Pfarrkirche im neugotischen Backsteinstil
- **Stadtkirche**, evang. Pfarrkirche, klassizistischer Bau von 1820
- **Schloss Schönebeck**, Im Dorfe 3-5, ✆ 623432, ÖZ: Di, Mi, Sa 15-17 Uhr, So 10-12.30 Uhr und 15-17 Uhr. Im Schloss Schönebeck erwartet Sie eine Reise in die Zeit, als noch Dampf- und Segelschiffe die Welt eroberten.
- **Vegesacker Hafen**. Als erster künstlich angelegter Hafen Deutschlands wurde 1622 der Vegesacker Hafen an der Einmündung der Lesum in die Weser erbaut. Heute bietet er zahlreiche Liegeplätze für Traditionsschiffe und Sportboote. Ein Hafenspaziergang lohnt auf jeden Fall!
- **Ökologiestation Schönebeck**, Schönbecker Aue, ✆ 2221922, Gruppen n. V. Eine Vielzahl von verschiedensten Biotopen wie Wald, Feuchtwiesen und Tümpel bieten mittels Führungen und Infotafeln eine tolle Möglichkeit, die Natur mit allen Sinnen zu erfassen.
- **Schulschiff Deutschland**, Vegesacker Hafen, ✆ 6587373, ÖZ: Mo-Fr 10-17 Uhr, Sa, So/Fei 10-18 Uhr u. n. V. Vor mehr als 100 Jahren wurde das Schulschiff zu Ausbildungszwecken für Seeleute erbaut. Heute dient das letzte erhaltene gebliebene Vollschiff der deutschen Schifffahrtsgeschichte vor allem touristischen Veranstaltungen, Hochzeiten, Taufen und Übernachtungen.

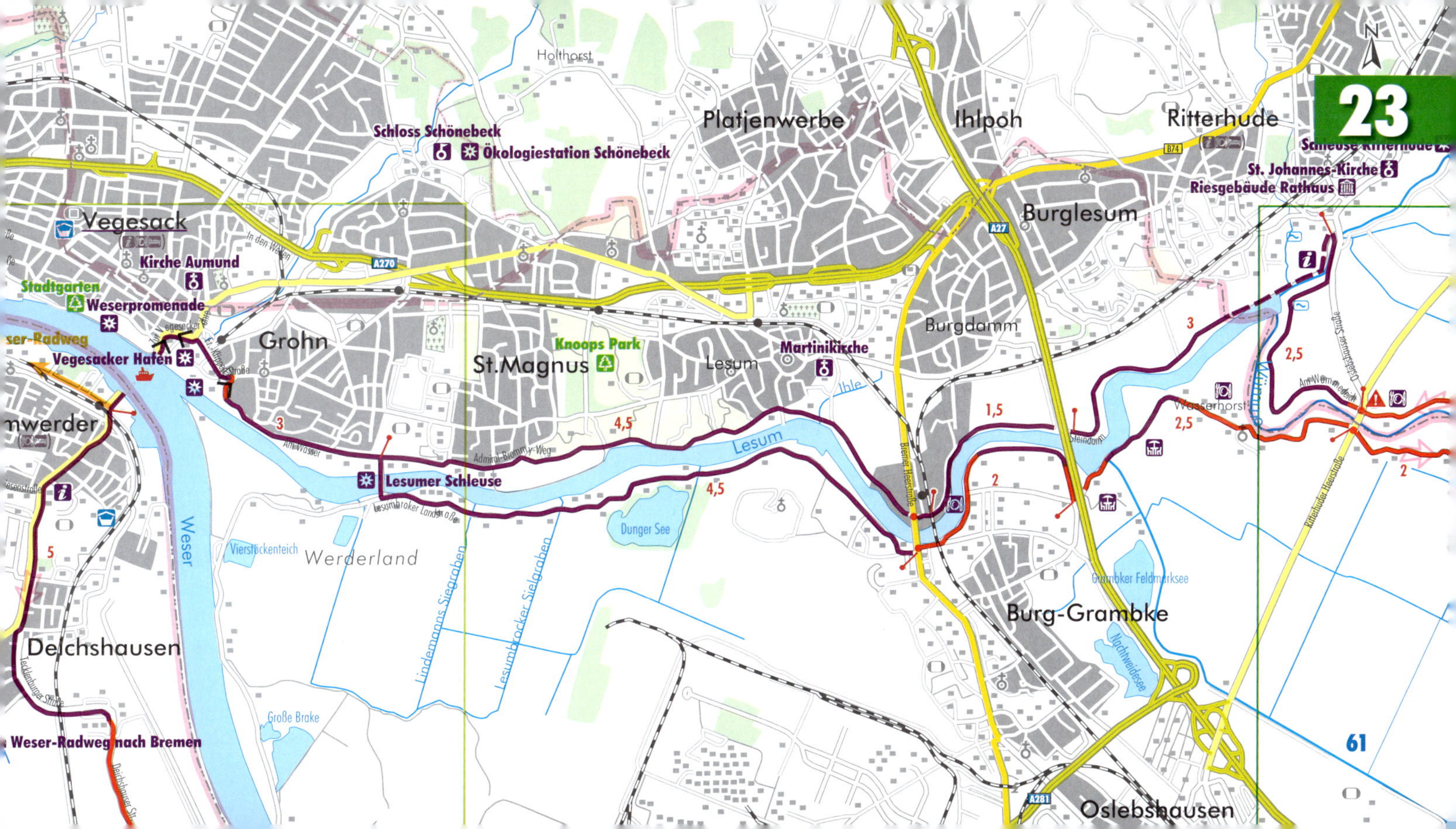
Holthorst
Platjenwerbe
Ihlpoh
Ritterhude
Schloss Schönebeck
Ökologiestation Schönebeck
Schleuse Ritterhude
St. Johannes-Kirche
Riesgebäude Rathaus
B74
Vegesack
Kirche Aumund
In den Wehen
A270
Burglesum
A27
Stadtgarten
Weserpromenade
Weser-Radweg
Vegesacker Hafen
Grohn
St.Magnus
Knoops Park
Lesum
Martinikirche
Burgdamm
Ihle
3
2,5
Am Wummedeich
Wasserhorst
mwerder
Am Wasser
Admiral-Brommy-Weg
4,5
1,5
Steindamm
Lesum
Lesumer Schleuse
Lesumbroker Landstraße
4,5
2
Bremer Heerstraße
Ritterhuder Heerstraße
5
Weser
Vierstückenteich
Werderland
Dunger See
Lindemanns Siegraben
Lesumbrocker Sielgraben
Grambker Feldmarksee
Burg-Grambke
Nachtweidesee
Deichshausen
Große Brake
Weser-Radweg nach Bremen
A281
Oslebshausen

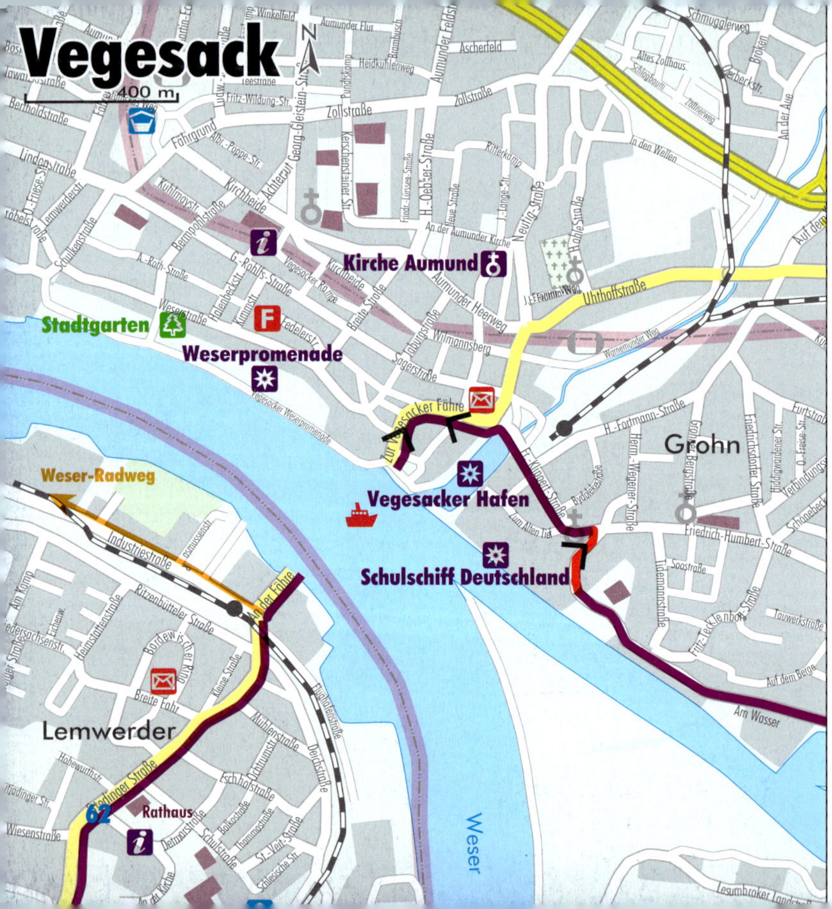

- **Vegesacker Weserpromenade**, ein Stück maritimes Flair zum Bummeln
- **International Festival Maritim**, jährliches Musikfestival Anfang Aug.
- **Vegesacker Stadtgarten**, an der Weser. Zahlreiche Blumen und Bäume aus oftmals wärmeren Klimazonen der Erde gedeihen hier und lassen den Garten im Sommer zu einer bunten Pracht erblühen.

Die rund 600 jährige Geschichte Vegesacks ist geprägt von der Lage an den Flüssen Weser und Lesum. Denn durch den natürlichen Hafen an der Lesummündung entstand rasch ein zentraler Ausgangspunkt für Walfänger, Heringsflotten und Handelschiffe aus aller Welt. Um 1620 wurde hier in Vegesack schließlich der erste künstliche Flusshafen Deutschlands errichtet, da die Weser flussaufwärts immer mehr versandete und die großen Handelsschiffe den Bremer Hafen nicht mehr anlaufen konnten.

Wirtschaftlich gesehen war ebenfalls der Hafen entscheidend, denn die Vegesacker Werft war lange Zeit größter Arbeitgeber der Stadt und hier wurde auch das erste in Deutschland gebaute Dampfschiff, die „Weser", vom Stapel gelassen. Nachdem 1997 die Großwerft geschlossen wurde, erinnern heute noch traditionelle Schiffe – allen voran das Schulschiff „Deutschland" – im Vegesacker Hafen an die maritime Verbundenheit.

Tipp: All jene, die Lust darauf haben, kurzfristig Natur gegen Großstadt zu tauschen, folgen am dem nachfolgend beschriebenen Weser-Radweg Richtung Bremen. Mit dem „metronom" (s. S. 10) können Sie einfach wieder zum Wümme-Radweg zurückfahren.

Auf dem Weser-Radweg nach Bremen 24,5 km

Entlang des Weser-Radweges können Sie gemütlich in die Hansestadt Bremen radeln. Dort erwarten Sie nicht nur die allseits bekannten Bremer Stadtmusikanten, sondern auch jede Menge Kunst, Kultur und maritimes Feeling.

Der Weser-Radweg führt Sie auf ruhigen Straßen und Radwegen entlang des Flusses bis ins Zentrum der Hansestadt. Die Route verläuft verkehrsarm, lediglich kurz vor Bremen müssen Sie für rund zwei Kilometer auf einer stärker befahrenen Straße fahren.

Bremen/Vegesack

Auf dem linksseitigen Radweg der **Stedinger Straße** Richtung Süden ⤳ in einer leichten Rechtskurve links auf den Radweg der **Tecklenburger Straße** ⤳ der Rechtskurve folgen ⤳ über die Schienen ⤳ der Radweg endet ⤳ rechts weiter auf der ruhigen Straße ⤳ die Straße geht über in die **Deichshauser Straße** ⤳ nach der starken Rechtskurve an der T-Kreuzung links in die **Hauptstraße** ⤳ nach der Rechtskurve links in den unbefestigten Weg **Maytagshörne** ⤳ in einer Rechtskurve vorbei am Teich Nobiskuhle ⤳ geradeaus vor zur großen T-Kreuzung ⤳ links auf den rechtsseitigen Radweg der **Delmenhorster Straße** ⤳ an der nächsten Möglichkeit links ⤳ über eine Brücke ⤳ rechts zum **Ochtum Sperrwerk** ⤳ somit über die Ochtum ⤳ geradeaus weiter ⤳ geradeaus über die 4er-Kreuzung ⤳ nach den Bootshäusern an der ersten Möglichkeit links ⤳ vorbei am Sporthafen ⤳ vor der Weser der Rechtskurve folgen ⤳ für rund 3,5 Kilometer dem Uferweg entlang.

Seehausen

Nach der Rechtskurve rechts in den schmalen, asphaltierten Weg ⤳ an der T-Kreuzung links in die **Senator-Apelt-Straße** ⤳ dieser müssen nun leider für zwei Kilometer im Verkehr folgen ⤳ an der T-Kreuzung in einer Linkskurve auf den rechtsseitigen Radweg ⚠ Achtung beim Überqueren der nicht ungefährlichen Straßenstelle ⤳ über die Eisenbahnbrücke.

Tipp: Hier erwartet Sie ein eindrucksvolles Panorama über den Neustädter Hafen.

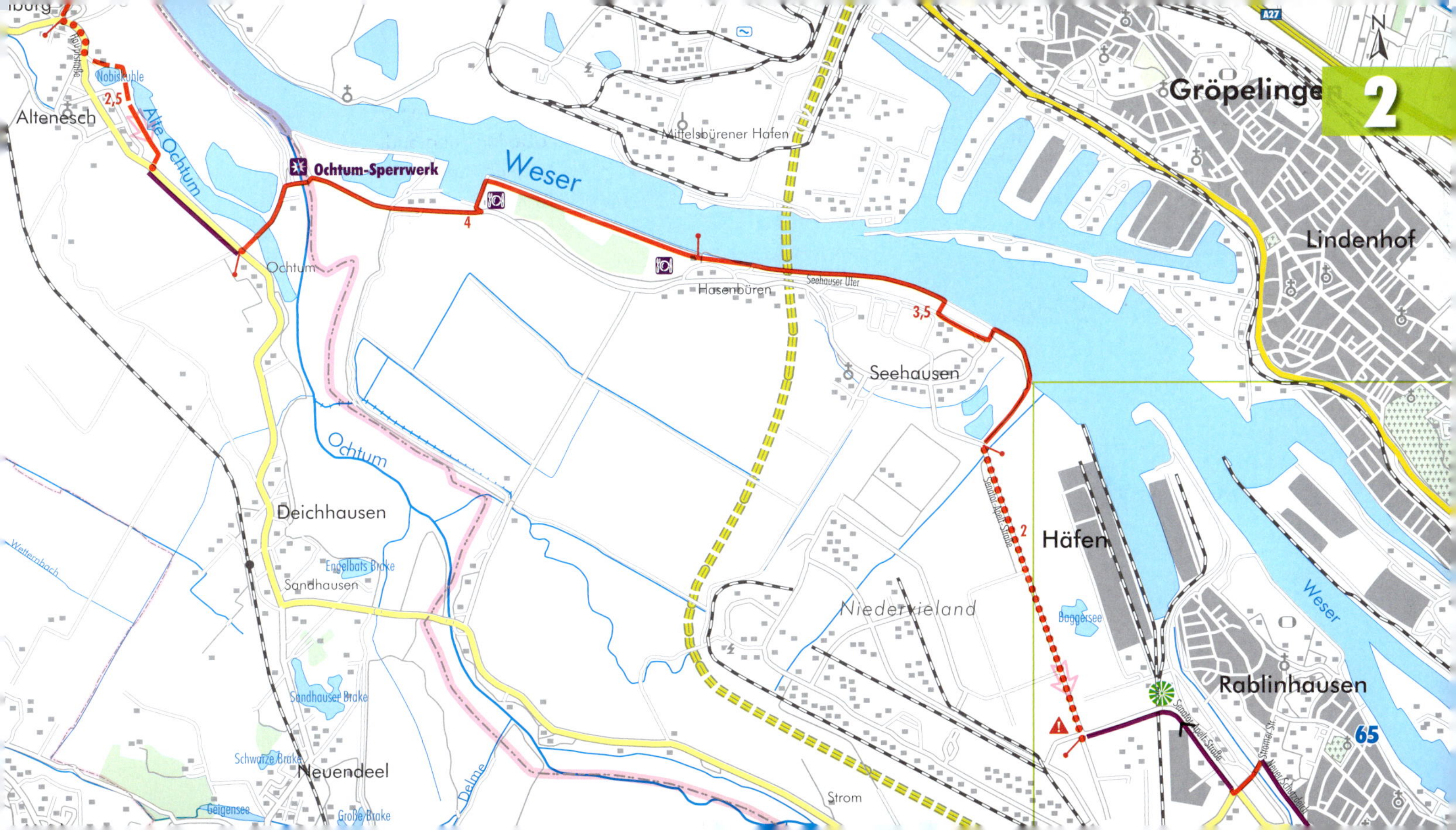

Altenesch
Nobiskuhle
2,5
Alte Ochtum
Ochtum-Sperrwerk
Weser
4
Ochtum
Hasenbüren
Seehauser Ufer
3,5
Seehausen
Mittelsbürener Hafen
Gröpelingen
2
Lindenhof
A27
Ochtum
Deichhausen
Engelbats Brake
Sandhausen
Wetternbach
Niedervieland
Senator-Apelt-Straße
2
Häfen
Baggersee
Weser
Rablinhausen
65
Sandhauser Brake
Schwarze Brake
Neuendeel
Geigensee
Große Brake
Delme
Strom

Bremen, Bürgerpark

Nach der Rechtskurve geht´s bergab auf dem Radweg ~ an der **Stromer Landstraße** links ~ geradeaus über die Straße Hafentor ~ an der nächsten Möglichkeit rechts auf den Dammweg **Neuer Schutzdeich** ~ an der kleinen T-Kreuzung links ~ weiter auf dem Dammradweg **Am Alten Schutzdeich** ~ rechts in die **Mittelkampstraße**, diese geht über in die **Simon-Bolivar-Straße** ~ unter der Bahnunterführung hindurch ~ über den Vorplatz des Bahnhofs Neustadt.

Tipp: Sie überqueren die Weser mittels der B 6, der Radweg ist unterhalb der Autostraße an die Brücke gemauert und bringt Sie sicher ans andere Weserufer.

Am nördlichen Ufer angelangt, unter der **B 6** hindurch ~ eine Art Rampe bringt Sie weiter hin zur Weser ~ der **Weserpromenade** entlang ~ unter einer Brücke hindurch ~ weiter auf der **Weserpromenade** ~ dem Radweg in einem spitzen Winkel folgen ~ rechts in die Straße **Erste Schlachtpforte** ~ geradeaus über die Martinistraße ~ Sie befinden sich nun am Beginn der Bremer Fußgängerzone.

Tipp: Wer zum Bremer Hauptbahnhof radeln möchte, folgt der orangen Route im Stadtplan. Sie können beispielsweise mit dem „metronom" dann per Bahn direkt zum Wümme-Radweg fahren.

Wer Lust auf weitere Radfernwege bekommen hat, kann in Bremen an den Weser-, Geest- oder Aller-Radweg anschließen. Genaue Routenführungen und Infos dazu finden Sie in den jeweiligen ***bikeline***-Radtourenbüchern.

Bremen

PLZ: 28195; Vorwahl: 0421

Bremer Touristik-Zentrale, Findorffstr. 105, ✆ 01805/101030, www.bremen-tourismus.de

Service-Hotline der Bremer Touristik-Zentrale zur Buchung radlerfreundlicher Unterkünfte in Bremen und Umgebung, ✆ 01805/101030 (€ 0,14/Min. aus dem deutschen Festnetz) oder ✆ 0421/3080010

Bremer Landesmuseum, Focke-Museum, Schwachhauser Heerstr. 240, ✆ 3613575, ÖZ: Di 10-21 Uhr, Mi-So 10-17 Uhr. Anschauliche Dokumentationen zur Geschichte der Stadt Bremen von der Ur- und Frühzeit bis zum 20. Jh., Kunst- und Handwerksstücke sowie bürgerliche Kultur.

Kunsthalle Bremen, Am Wall 207, ✆ 329080, ÖZ: Di 10-21 Uhr, Mi-So 10-17 Uhr. Gemälde- und Plastikensammlung mit

Werken aus dem 17.-20. Jh., Kupferstichkabinett und Druckgrafik des 19. Jhs., Mitmachmuseum.

- **Überseemuseum**, Bahnhofspl. 13, ✆ 16038101, ÖZ: Sa, So 10-18 Uhr. Lebendig und anschaulich wird die Geschichte der Kulturen in Übersee anhand natur-, völker- und landeskundlicher Sammlungen dargestellt sowie aktuelle Probleme im ökologischen Bereich und hinsichtlich der Verflechtungen zwischen der sogenannten dritten Welt und den Industrieländern aufgezeigt.
- **Gerhard-Marcks-Haus**, Am Wall 208, ✆ 327200, ÖZ: Di-So 10-18 Uhr. Ausstellung der Werke des zeitgenössischen (1889-1981) deutschen Bildhauers und Graphikers Gerhard Marcks, dem Künstler der „Bremer Stadtmusikanten“.
- **Neues Museum Weserburg**, Teerhof 20, ✆ 598390, ÖZ: Di-Fr 10-18 Uhr, Sa, So 11-18 Uhr. In einem ehemaligen Lagergebäude wird zeitgenössische Kunst der letzten 40 Jahre von Künstlern wie Beuys, Darboven, Kienholz, Serra u. a. ausgestellt.
- **Bremer Geschichtenhaus**, Wüstestätte 10, ✆ 3362650, ÖZ: tägl. 11-18 Uhr. Darsteller in historischen Kostümen führen Sie durch die Geschichte der Stadt.
- **Universum Center**, Wiener Str. 2, ✆ 33460, ÖZ: Mo-Fr 9-18 Uhr, Sa, So 10-19 Uhr. „Hingehen-Staunen-Entdecken“: So ermöglicht das Universum spielerischen Zugang zur Wissenschaft. In einem

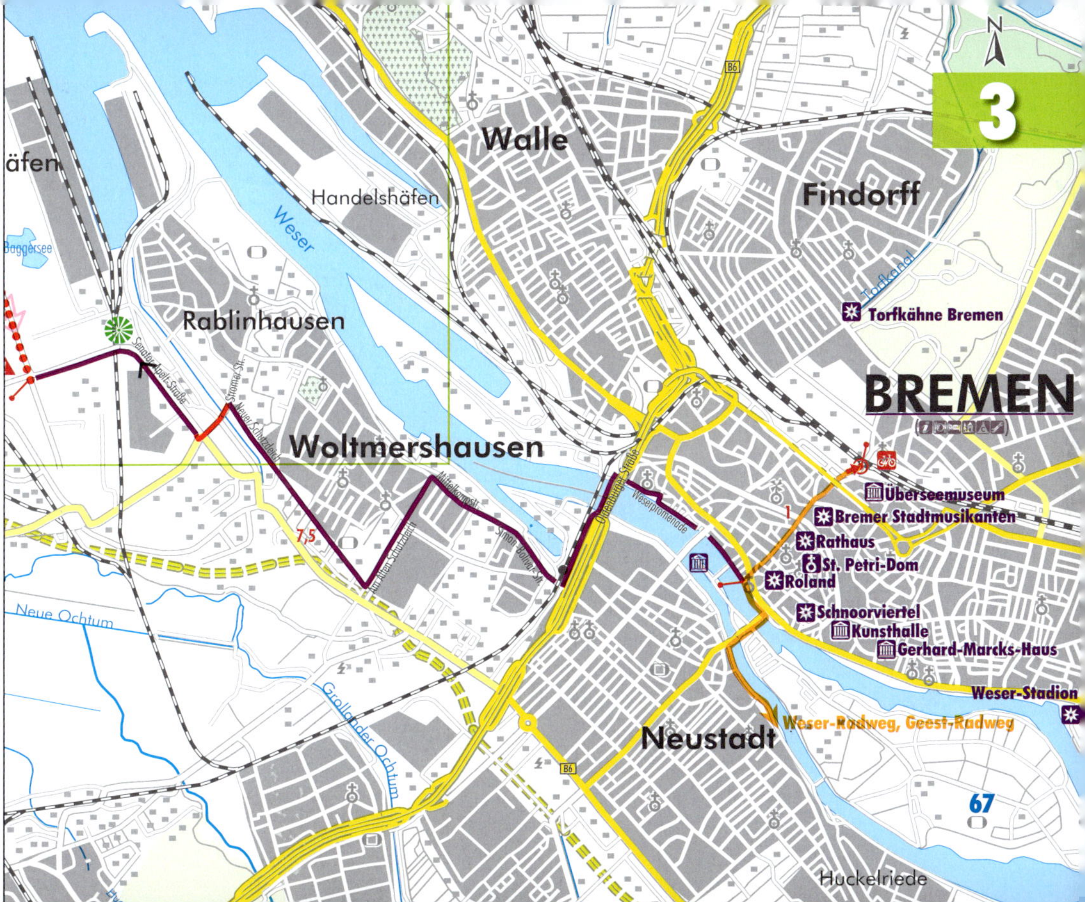

spektakulären Gebäude mit mehr als 250 interaktiven Exponaten wird man zum Entdecker in Sachen Mensch, Erde und Kosmos.

- **St. Petri Dom** (11. Jh.), seit dem 13. Jh. trägt er gotische Züge. Besonders sehenswert sind die West- und Ostkrypta sowie der Bleikeller, in dem Mumien zu besichtigen sind.
- **Rathaus**, zu Beginn des 15. Jhs. gotisch errichtet und im 17. Jh. im Stil der Weserrenaissance umgestaltet, sehenswert ist auch die Innenausstattung (Führungen).
- **Roland**, im Jahr 1404 entstand als Symbol für Recht und Freiheit das Wahrzeichen der Stadt.
- **Bremer Stadtmusikanten**, an der Westseite des Rathauses, Bronzeplastik von Gerhard Marcks.
- **Böttcherstraße**. Eine kleine Fußgängergasse, die Anfang des letzten Jahrhunderts von dem Kaffeekaufmann Ludwig Roselius zu einem Kulturzentrum umgebaut wurde. Museen, Kunsthandwerker, Restaurants und das Glockenspiel am St. Petrusplatz sind zu entdecken.
- **Schnoorviertel**. Eines der ältesten und noch dazu das einzige noch zusammenhängende Stadtviertel Bremens mit Häusern aus dem 15. u.16. Jh.
- **Blumenmarkt**. Ein farbenprächtiger Markt zum Schnuppern, Schauen und Kaufen rund um die Liebfrauenkirche.
- **botanika – das grüne Science Center**, Rhododendronpark GmbH, Deliusstr. 40, ✆ 36189777, ÖZ: tägl. 9-18 Uhr. Interaktives Entdeckerzentrum für alle Sinne. Im Schauhaus kann man darüber hinaus in die naturgetreuen Welten Himalaja, Borneo und Japan und die Kultur Asiens eintauchen.

Bremer Roland

- **Rhododendron-Park**, ÖZ: Freiland 7.30 Uhr bis Sonnenuntergang. Größte und umfassendste Sammlung von Rhododendronarten und -sorten in ganz Europa, besonders sehenswert natürlich zur Hauptblütezeit im Mai.
- **Radstation & ADFC radort**, Hauptbahnhof, ✆ 1783361. Die ersten 3 Std. bewachtes Fahrradparken sind hier kostenlos! ÖZ: Radstation: Mo-Fr 6-22 Uhr, Sa, So 9-20 Uhr. ADFC: Mo-Fr 10-18 Uhr, Sa 10-14 Uhr.

Im 8. Jahrhundert wird die Hansestadt Bremen erstmals urkundlich unter dem Namen „Bremun", was so viel heißt wie „Am Rande", erwähnt. Auf einem Dünenzug nahe einer Fischersiedlung entstand die Siedlung, die schon 785 von Karl dem Großen zum Bischofssitz erhoben wurde.
Bald schon entwickelte sich Bremen zu einer florierenden Stadt. Es entstand hier ein wichtiger Umschlagplatz für Waren, die auf dem Wasserweg ins Ausland gebracht werden mussten. Hiervon zeugen prachtvolle Gebäude wie das Rathaus, der Schütting und der Dom. Auch in Bremen gab es Machtkämpfe zwischen der Geistlichkeit und den Bürgern, wobei sich letztere ihre Freiheiten immer bewahren und stärken konnten. Als Zeichen der bürgerlichen Freiheit steht der Roland noch heute auf dem Marktplatz und hat dabei ganz frech den Blick gen Dom gerichtet. Damit wollten die Bremer Bürger wohl nichts anderes, als die Bischöfe provozieren, die diesem Wahrzeichen der bürgerlichen Unabhängigkeit immer wieder ins Auge sehen mussten.

Bremen
Radstation
Hauptbahnhof
Bahnhofplatz
Übersee-museum
Stephani-kirche
Mühle am Herdentor
St. Remberti-Stift
Liebfrauenkirche
Bremer Stadtmusikanten
Rathaus
Roland
Haus der Bürgerschaft
St.-Petri-Dom
Kunstmuseum Böttcherstraße
Neues Museum Weserburg
Gerichtshaus
Stadtbibliothek
Kunsthalle
Wilhelm-Wagenfeld-Haus
Gerhard-Marcks-Haus
Michaels-kirche
Staatsarchiv
Weser-Radweg
Geest-Radweg
Weser
Große Weser
Kleine Weser
Am Wall
Bürgerm.-Smidt-Straße
Bürgerm.-Smidt-Brücke
Wilh.-Kaisen-Brücke
Contrescarpe
Hochstraße
Martinistraße
Faulenstraße
Doventorstraße
Stephaniwall
Faulenstraße
Weserpromenade
Schlachte
Langenstraße
Obernstraße
Sögestraße
Lloydpassage
Knochenhauerstraße
Herdentorswallstraße
Schüsselkorb
Domshof
Sandstraße
Am Markt
Am Dom
Ostertorstraße
Ostertorswallstraße
Dechanatstraße
Balgebrückstr.
Schnoor
Marterburg
Kolpingstraße
Hohe Straße
Teerhof
Am Deich
Westerstraße
Langekarckstraße
Osterstraße
Am Neuen Markt
Grünenstraße
Rembertiring
Präsident Kennedy Platz
Fedelhören
Rembertistraße
Imre-Nagy-Weg
Kohlhökerstraße
Rutenstraße
Charlottenstraße
Hohenpfad
Auf der Weide
Herdentorsteinweg
Hillmannplatz
Birkenstraße
Platz des Reichs
Schillerstraße
Richtweg
Am Wandrahm
Jakobistraße
Hankenstraße
Geeren
Großenstraße
Diepenau
200 m

Aber nicht nur der Roland war ein Wahrzeichen des Bürgertums. Mit dem Bau des Rathauses zu Beginn des 15. Jahrhunderts, der an Größe und Pracht dem erzbischöflichen Palast in nichts nachstand, bewies es auch seinen Reichtum. Und auch die Kaufmannschaft besaß einen eigenen prächtigen Bau, den Schütting. „Schütting" leitet sich von dem Begriff „Schossen" ab, was soviel wie „Steuer aufbringen" bedeutet.

Der bürgerlichen Macht konnten sich die Bischöfe kaum erwehren, da half ihnen auch der wuchtige Dom nicht viel. Die Kaufleute schafften es bald, sich von den Abgabepflichten an die Kirche zu befreien, und auch die Rechtsprechung wurde den Bischöfen aus der Hand genommen.

Seit Beginn des 16. Jahrhunderts hatten es die Erzbischöfe immer schwerer, sich zu behaupten, nachdem die Lehren Luthers begannen, sich mehr und mehr auszubreiten. So kam es, dass der letzte Bremer Erzbischof 1648 die Stadt verließ und die Stadt sich in evangelischen Kirchengemeinden organisierte und zusammenschloss.

Auch heute noch brät Bremen eine Extrawurst in Sachen Kirche. Es besteht hier die sogenannte Personalgemeinde, was bedeutet, dass sich die Zugehörigkeit zu einer Kirchengemeinde nicht zwingend aus dem Wohnort ergibt. Den Pastor kann sich also jeder selbst aussuchen.

Aber nicht nur Bürgertum und Religion haben die Stadt an der Weser nachhaltig geprägt, sondern genauso taten dies der Hafen, die Schifffahrt und natürlich der Fluss selbst. Die Hafenarbeiter aber waren im Armenviertel um die Stephaniekirche oder im hochwassergefährdeten Schnoor zu Hause. Es gab also nicht nur Wohlstand in der Stadt. Am schlimmsten erging es den Kohlenziehern, die auf den Dampfschiffen bei unmenschlichen Temperaturen die Kohlen in den Kessel schaffen mussten.

Die Weser hat den Bremern in ihrer langen Geschichte Wohlstand und Reichtum gebracht, aber schon im 19. Jahrhundert machten sich die Eingriffe des Menschen in deren Naturhaushalt bemerkbar. Besonders in Bremen bekamen die Menschen das zu spüren, als im Jahr 1877 nur noch jedes dritte für die Stadt bestimmte Schiff den dortigen Hafen anlaufen konnte. Grund dafür war die starke Versandung, die nach der Abholzung der einstmals bewaldeten Weserufer auf dem Vormarsch war.

Das führte dazu, dass einerseits die Stadt Bremerhaven an der Wesermündung gegründet wurde, andererseits war die sogenannte Weserkorrektion nötig geworden. Die Weser wurde zu einem trichterförmigen Kanal umgebaut, damit auch Schiffe mit wenigstens bis zu 5 Metern Tiefgang nach Bremen gelangen konnten. Den Bau konnte die Stadt jedoch nicht ohne fremde Hilfe finanzieren und war somit auf Gelder des Reiches angewiesen. Daraufhin waren die Bremer gezwungen, ihre hart umkämpfte Position, nicht dem deutschen Zollgebiet beizutreten, aufzugeben.

Auch heute noch kommt Bremen, als zweitgrößtem deutschen Nordseehafen, große Bedeutung in der Schifffahrt und im Überseehandel zu. In der alten Hansestadt leben und wirken zur Zeit um die 550.000 Menschen, und sie bildet gemeinsam mit Bremerhaven das kleinste Bundesland Deutschlands.

Von Bremen-Vegesack nach Rotenburg (Wümme) 76 km

Der letzte Abschnitt des Wümme-Radweges führt von Vegesack durch das Naturschutzgebiet Wümmewiesen zurück zum Ausgangspunkt der Rundfahrt, dem Bahnhof in Rotenburg (Wümme). Auch hier gibt es wieder die Möglichkeit, per Kanu oder Torfkahn die Wümmeniederungen genauer zu erforschen. Vorbei an der Ahauser Mühle und typischen Fachwerkhäusern mit Pferdeköpfen an den Dächern, kommen Sie wieder ins kleine Städtchen Rotenburg (Wümme), wo gemütliche Plätze zum Verweilen einladen.

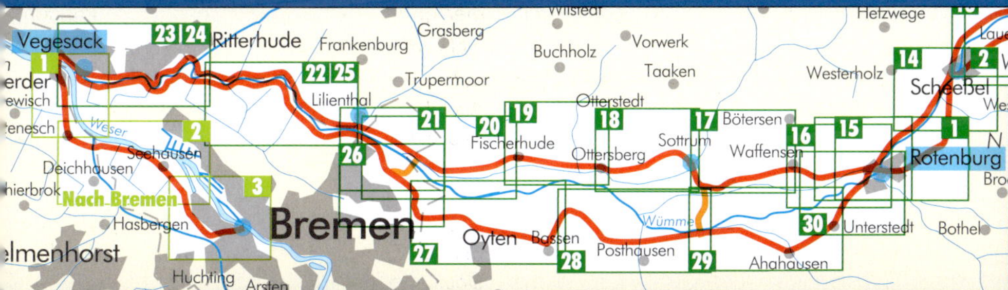

Auch bei dieser Etappe radeln Sie auf asphaltierten, wenig befahrenen Landstraßen und gegen Ende hauptsächlich auf bestens ausgebauten Radwegen.

Am Vegesacker Hafen

Bremen/Vegesack s. S. 60

Von Bremen/Vegesack nach Borgfeld 26,5 km

Tipp: Wer am Bahnhof in Bremen/Vegesack startet, fährt zunächst kurz den gleichen Weg wie die Nordroute bis zum Lesum-Sperrwerk. Dort führt die Tour über die Lesum und Sie befinden sich am Südufer.

Lesumer Schleuse

Nach der Schleuse links ⇝ weiter auf dem asphaltierten Radweg ⇝ für rund 4 Kilometer radeln Sie nun entlang der Lesum ⇝ auf der **Lesumbroker Landstraße**, einem Dammradweg, bis zur Ampelkreuzung mit der Burger Heerstraße ⇝ diese geradeaus überqueren ⇝ über die Gleise ⇝ unmittelbar danach links in die Straße **Am Lesumdeich** ⇝ die Straße geht über in einen Radweg ⇝ nach einer Rechtskurve kurz parallel zur Autobahn ⇝ über eine kleine Brücke ⇝ links unter der Autobahn hindurch ⇝ nach der Rechtskurve wiederum entlang der Lesum ⇝ vorbei an einem Rast- und Kulturplatz ⇝ über eine große Brücke ⇝ längere Zeit diesem Dammweg folgen ⇝ an einigen Häusern vorbei ⇝ an der T-Kreuzung bei der Kirche links ⇝ weiter auf dem Dammweg entlang der Wümme ⇝ die große Stopp-Kreuzung geradeaus überqueren ⇝ an einigen Häusern vorüber ⇝ an der Gabelung links halten in die Straße **Wummensiede** ⇝ über eine Schleuse ⇝ an einem Rastplatz vorbei ⇝ dem leicht kurvigen Straßenverlauf folgen ⇝ an Koppeln und reetgedeckten Häusern vorbei ⇝ links der breite Schilfgürtel der Wümme ⇝ es geht durch das **Oberblockland**.

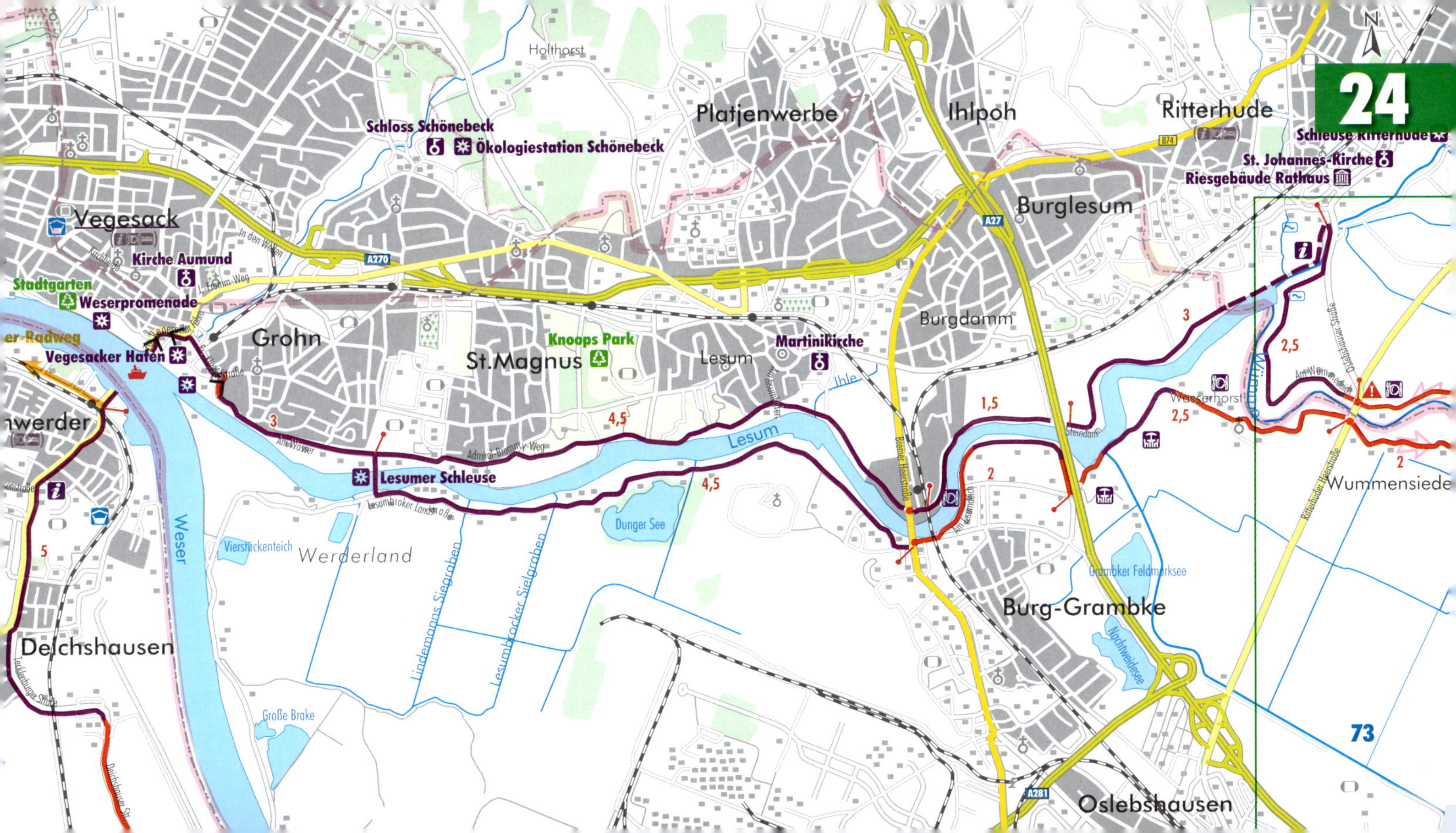
Holthorst
Platjenwerbe
Ihlpoh
Ritterhude
Schloss Schönebeck
Ökologiestation Schönebeck
Schleuse Ritterhude
St. Johannes-Kirche
Riesgebäude Rathaus
B74
A27
Burglesum
Vegesack
Kirche Aumund
A270
Stadtgarten
Weserpromenade
Grohn
Knoops Park
Martinikirche
Burgdamm
St.Magnus
Lesum
Vegesacker Hafen
Ihle
Wasserhorst
Lesum
Steindamm
Lesumer Schleuse
Wummensiede
Weser
Dunger See
Vierstückenteich
Werderland
Grambker Feldmarksee
Lindemanns Siegraben
Lesumbrocker Sielgraben
Burg-Grambke
Delchshausen
Große Brake
A281
Oslebshausen

Rast- und Kulturplatz bei Lesumer Schleuse

Naturschutzgebiet Wümmewiesen

Mit rund 670 Hektar sind die Borgfelder Wümmewiesen das größte Naturschutzgebiet Bremens. Als natürliches Überschwemmungsgebiet trägt die Aulandschaft wesentlich zum Hochwasserschutz bei und wurde in das europäische Gebietsschutzsystem NATURA 2000 aufgenommen.

Vor rund 15 Jahren wurde mit der Renaturierung der Gewässer in der Region begonnen, bis heute werden laufend neue Wiesen angekauft, um das Schutzgebiet zu erweitern. Die Bemühungen zeigen bereits große Erfolge, denn mittlerweile ist der Artenreichtum an Pflanzen und Tieren wesentlich erhöht worden und zahlreiche gefährdete Arten wie der Wachtelkönig oder der Zwergschwan konnten hier ihre Heimat finden.

An der Schleuse vorbei ~ an der Gabelung links, laut Radschildern ~ dem kurvigen Dammweg entlang ~ vorbei an einigen Häusern ~ die Ampelkreuzung mit der Borgfelder Allee geradeaus überqueren ~ auf dem unbefestigten Radweg der **Borgfelder Heerstraße** der Rechtskurve folgen.

Bremen/Borgfeld

PLZ: 28215; Vorwahl: 0421

Torfkähne Bremen, Neukirchstr. 5, ✆ 505037

Von Borgfeld nach Bassen 20 km

Im Ort am Platz **Zur Linde** links halten ~ an der folgenden Gabelung rechts Richtung Fischerhude ~ dem kurvigen Verlauf der **Katrepeler Landstraße** folgen ~ die Straße geht über in ein schmales Asphaltband namens **Am Hollerdeich** ~ diesem längere Zeit folgen ~ an mehreren schönen Rastplätzen vorbei.

Wümmewiesen

Tipp: In der langgezogenen Rechtskurve trifft die Nord-Süd-Verbindung bei Ebbensiek auf die Südroute. Die Wegbeschreibung dazu finden Sie S. 54 f.

Auf der Hauptroute weiter geradeaus ~ an einigen Häusern vorbei ~ immer auf dem Asphaltband bleiben ~ an der Gabelung rechts halten, laut Radschildern ~ unter der Bahn hindurch ~ an der Gabelung links ~ der langgezogenen Linkskurve folgen ~ weiter am **Osterholzer Deich** ~ rechts die Autobahn ~ an der Kreuzung, wo man unter der Autobahn

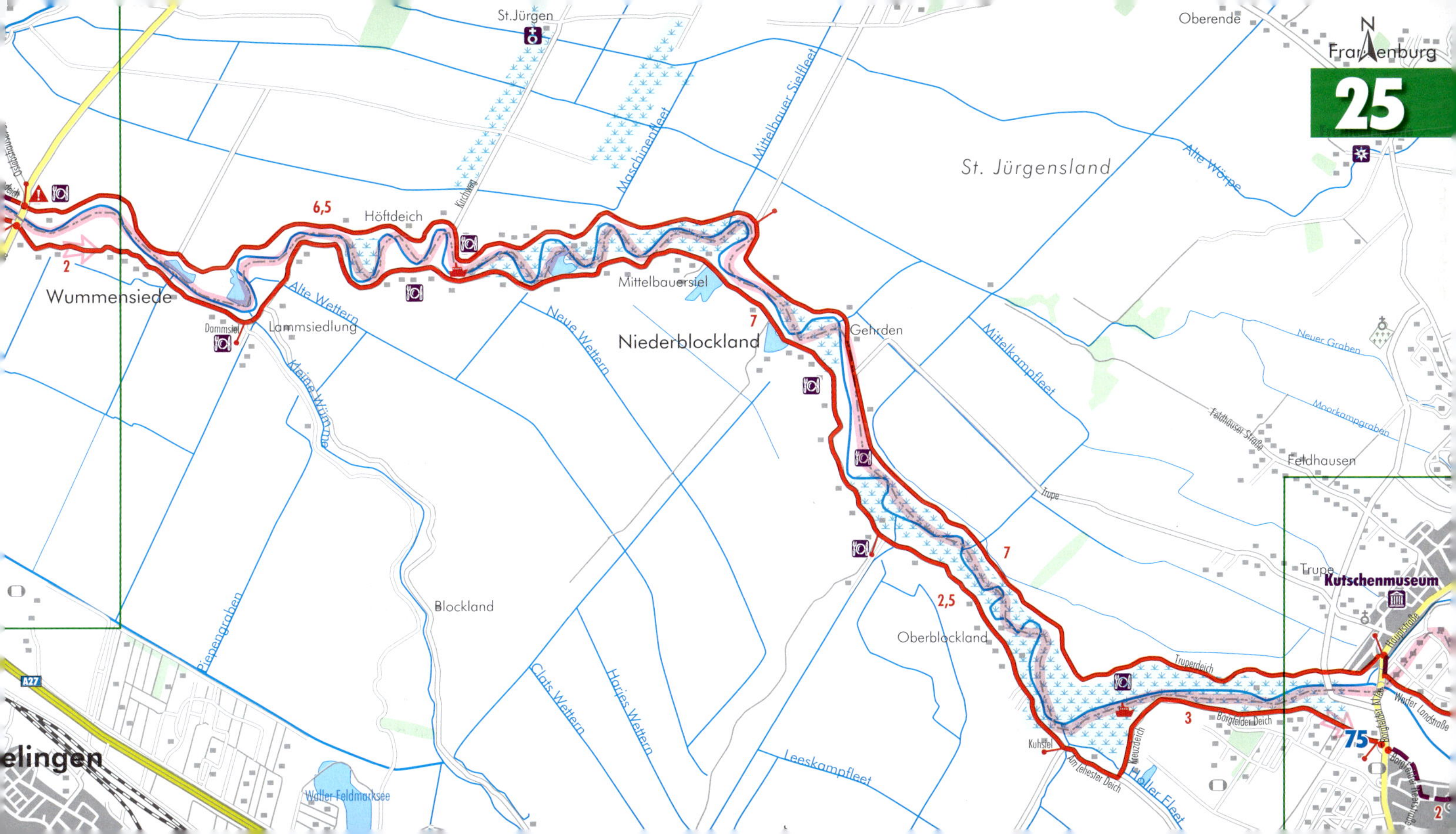

St.Jürgen
Oberende
N
25
Maschinenfleet
Mittelbauer Sielfleet
St. Jürgensland
Alte Würpe
Kirchweg
Höftdeich
6,5
2
Wummensiede
Mittelbauersiel
Dammsiel
Lammsiedlung
Alte Wettern
Neue Wettern
Niederblockland
7
Gehrden
Mittelkampfleet
Neuer Graben
Moorkampgraben
Feldhauser Straße
Feldhausen
Kleine Wümme
Trupe
7
Blockland
Piepengraben
2,5
Oberblockland
Kutschenmuseum
Truperdeich
Hauptstraße
A27
Clats Wettern
Harjes Wettern
Borgfelder Deich
3
75
Kuhsiel
Am Lehester Deich
Meuzdeich
Holler Fleet
Leeskampfleet
Waller Feldmarksee
elingen
2

Reetgedecktes Haus bei Borgfeld

hindurchfahren könnte, links weg ⇝ in einer Linkskurve über die Brücke ⇝ an einem Bad vorbei.

Meyerdamm

An der 4er-Kreuzung links ⇝ kurz bergauf und über die Schienen ⇝ wieder bergab ⇝ der Rechtskurve folgen ⇝ durch eine Allee ⇝ dieser Straße bis zu Gleisen folgen ⇝ direkt davor der Linkskurve folgen ⇝ kurz parallel zu den Gleisen ⇝ in einer Linkskurve in die Straße **Auf der Heide** ⇝ entlang der Rechtskurve ⇝ an der 4er-Kreuzung geradeaus, laut Wümme-Radwegschild ⇝ an der T-Kreuzung rechts ⇝ nach der Rechtskurve mittels einer Überführung über die Bahn.

Tipp: Hier müssen Sie das Rad steil bergauf und wieder bergab schieben.

An der T-Kreuzung links ⇝ unter den Gleisen hindurch ⇝ rechts befindet sich ein Radweg ⇝ kurvig vor bis zur Vorfahrtsstraße ⇝ hier rechts auf den rechtsseitigen Radweg ⇝ in der Rechtskurve links in die **Blankenstraße** ⇝ an der T-Kreuzung rechts.

Oyten

PLZ: 28876; Vorwahl: 04207

- **Gemeindeverwaltung Oyten**, Hauptstr. 55, ✆ 91400, www.oyten.de
- **St. Petri-Kirche**, Kirchweg 2, evang. Pfarrkirche, Backsteinbau
- **Heimathaus**. Zahlreiche Gegenstände aus früheren Tagen wurden hier zusammengetragen und können besichtigt werden. Weiters finden zwei bis dreimal pro Jahr Backfeste statt, wo selbstgebackenes Brot und Kuchen verkostet werden kann.
- **Oytener See**, Bade- und Freizeitmöglichkeit in schönster Natur

Aus zahlreichen frühgeschichtlichen Funden geht hervor, dass es sich bei der Region um Oyten um ein uraltes Siedlungsgebiet handelt.

Radweg auf dem Wümmedeich

Urnengräber aus der Eisenzeit und Lanzenspitzen und Tongefäße aus noch früheren Jahrhunderten bezeugen die frühe Landnahme.

Der Name selbst stammt vermutlich vom altsächsischen Wort „hoit“, das soviel wie „hoch“ bedeutet und damit den hohen Geeströcken bezeichnet, auf dem der Ort Oyten das umliegende Bremer Becken erheblich überragt.

Lange Zeit war die Region um Oyten und der Ort selbst von Ackerbau und Viehzucht geprägt, durch die rasante Bevölkerungszunahme infolge der Flüchtlingswelle nach dem letzten Krieg ging der Ausbau einer modernen Infrastruktur

Oytener See

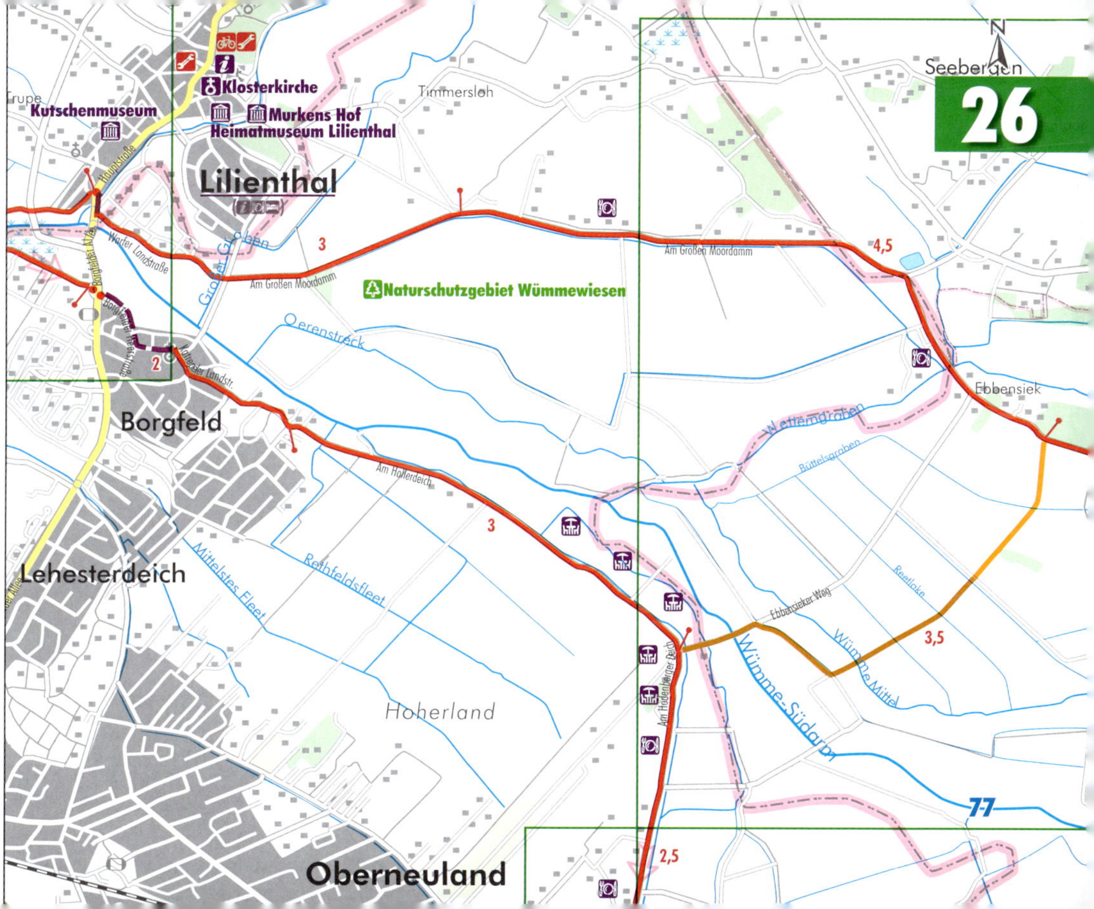
26
Seebergen
Trupe
Kutschenmuseum
Klosterkirche
Murkens Hof
Heimatmuseum Lilienthal
Timmersloh
Lilienthal
Hauptstraße
Worpser Landstraße
Borgfelder Allee
Großer Graben
Am Großen Moordamm
Naturschutzgebiet Wümmewiesen
Oerenstreck
Katrepeler Landstr.
Borgfeld
Ebbensiek
Wettemgraben
Büttelsgraben
Am Hollerdeich
Lehesterdeich
Mittelstes Fleet
Rethfeldsfleet
Ebbensieker Weg
Reetlake
Wümme Mittel
Wümme-Südarm
Am Hodenberger Deich
Hoherland
Oberneuland
2
3
3
4,5
3,5
2,5
77

und ein neuer, moderner Gewerbepark Hand in Hand. Somit bietet Oyten heute reichlich Arbeitsplätze und durch die Nähe zu Bremen einen beliebten Wohnort in schönster Natur.

An der Kreuzung links in die **Bockhorster Dorfstraße** ~ die Straße wird gepflastert ~ an der Gabelung der Linkskurve folgen ~ links beginnt ein Radweg ~ der Rechtskurve des gepflasterten Weges folgen ~ an der T-Kreuzung links Richtung Fischerhude ~ an der nächsten Möglichkeit rechts, laut Beschilderung.

Tipp: Hier können Sie zum Lüneburger Heide-Radweg wechseln, wenn Sie geradeaus weiterradeln.

Der Rechtskurve folgen ~ über eine kleine Brücke ~ weiter durch eine Allee ~ der Links-rechts-Kurve folgen ~ geradeaus weiter durch die Allee.

Bassen

Von Bassen nach Rotenburg (Wümme) — *29,5 km*

An der T-Kreuzung links ~ kurz danach wiederum links an der T-Kreuzung in die Straße **Bassener Dorfstraße**.

Tipp: Wer an dieser Kreuzung rechts fährt, befindet sich auf dem Lüneburger Heide-Radweg.

Der Rechtskurve folgen ~ durch eine Birkenallee ~ an der Siedlung **Bornmoor** vorbei ~ an der T-Kreuzung links Richtung Fischerhude ~ bei den letzten Häusern rechts den Radschildern folgen ~ an der T-Kreuzung rechts ~ entlang der Linkskurve ~ an der nächsten Kreuzung der Rechtskurve folgen.

Egypten

Die Vorfahrtsstraße geradeaus überqueren ~ an der Gabelung links halten ~ geradeaus über die 4er-Kreuzung ~ kurz bergauf und mittels einer Überführung über die A 1 ~ der Asphalt wird besser ~ kurz bergab ~ an der T-Kreuzung bei einem Hof links in ein schmales Asphaltband ~ der Weg wird unbefestigt ~ an der Gabelung links halten ~ am Kreuzungsbereich in einer Rechtskurve auf dem dunklen, befestigten Weg weiter ~

Fahrradparkplatz

durch eine Allee ~ geradeaus über die Stopp-Kreuzung Richtung Hellwege ~ rechts beginnt ein straßenbegleitender Radweg ~ auf diesem befestigten Radweg für ca. 4,5 Kilometer bis nach Hellwege.

Hellwege

PLZ: 27367; Vorwahl: 04264

- **Kanuverleih Küsel**, Viehweg 1, ✆ 399822, weitere Infos zu Wasserwandern auf der Wümme, s. S. 11
- **Cohrs Hof**, Viehweg 1, ✆ 702

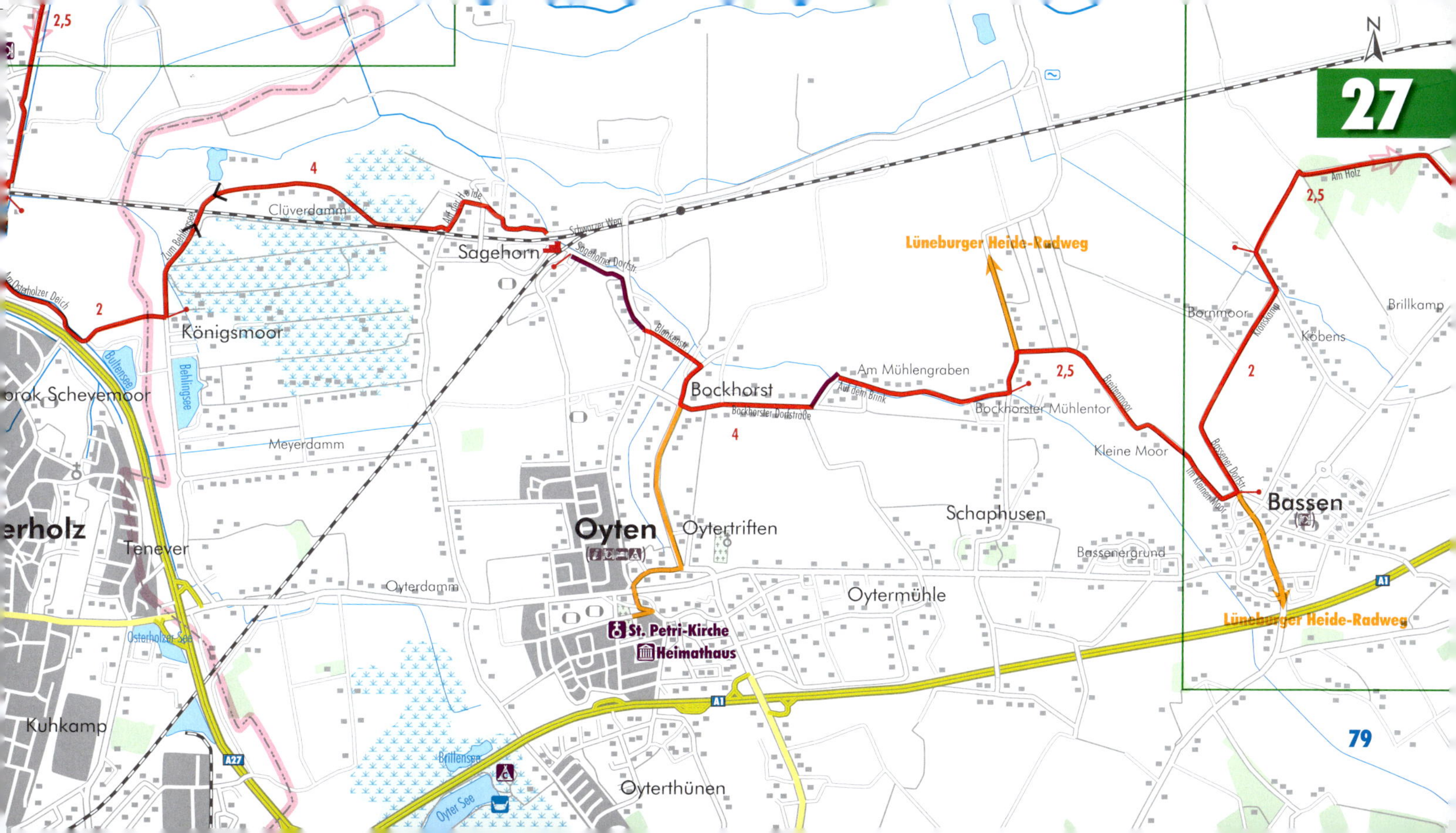
27
Lüneburger Heide-Radweg
Lüneburger Heide-Radweg
Sagehorn
Clüverdamm
Auf der Heide
Schwarzer Weg
Sagehorner Dorfstr.
Zum Behlingsee
Am Osterholzer Deich
Königsmoor
Bultensee
Behlingsee
Schevemoor
Meyerdamm
Blankenstr.
Bockhorst
Bockhorster Dorfstraße
Auf dem Brink
Am Mühlengraben
Bockhorster Mühlentor
Breitenmoor
Kleine Moor
Im Kleinen Moor
Bassener Dorfstr.
Bornmoor
Kronskamp
Kobens
Brillkamp
Am Holz
Bassen
Schaphusen
Bassenergrund
Oytertriften
Oyten
Oyterdamm
Oytermühle
St. Petri-Kirche
Heimathaus
Tenever
Osterholzer See
Kuhkamp
Brillensee
Oyter See
Oyterthünen
A1
A27
2,5
4
2
2,5
4
2
2,5

Nebengebäude der Ahauser Mühle

Verbindung Hellwege – Sottrum 3,5 km

In Hellweg links Richtung Sottrum ⤳ am linksseitigen Radweg der Straße entlang ⤳ vorbei am Gasthof Fährhof ⤳ durch eine Allee ⤳ vorbei am Weiher **Fährhof** ⤳ über zwei kleine Brücken ⤳ kurz bergauf ⤳ mittels einer Brücke über die Schienen ⤳ an der folgenden Kreuzung treffen Sie auf die Nordroute, der Sie nun geradeaus Richtung Bremen oder rechts Richtung Rotenburg folgen können, s. S. 50.

In Hellwege rechts in die Vorfahrtsstraße ⤳ weiter auf dem rechtsseitigen Radweg ⤳ kurz nach dem Ortsende-Schild links Richtung Tarnstedt ⤳ auf dem unbefestigten Weg in den Wald hinein ⤳ der Rechtskurve folgen ⤳ der Weg wird befestigt ⤳ an der asphaltierten T-Kreuzung im Wald links.

Tipp: In der folgenden Rechtskurve sehen Sie links die Gebäudegruppe der Ahauser Mühle.

Geradeaus durch den Wald bis nach Ahausen ⤳ rechts beginnt ein Radweg ⤳ der Rechtskurve folgen.

Ahausen

PLZ: 27367, Vorwahl: 04264

- **Ahauser Mühle** (17. Jh.), ehemals landwirtschaftliches Gut und Wassermühle
- **Fachwerk-Bauernhäuser**, zahlreiche typische, pferdekopfverzierte Bauernhäuser im Ort

An der Vorfahrtsstraße links ⤳ auf dem linksseitigen Radweg über eine Brücke ⤳ auf dem Radweg den Ort verlassen ⤳ längere Zeit geradeaus weiter auf dem straßenbegleitenden

Ahauser Mühle

Radweg ⤳ kurz bergauf und über die Bahn ⤳ geradeaus in den nächsten Ort.

Unterstedt

An der Vorfahrtsstraße links Richtung Rotenburg ⤳ kurz nach dem Ortsendeschild schräg links in die Straße **Am Vieh** ⤳ an der T-Kreuzung bei der Kläranlage rechts ⤳ links in einen unbefestigten Weg ⤳ an der Gabelung im Wald geradeaus ⤳ am Ende des **Sternenweges** rechts ⤳ der Weg wird befestigt ⤳ an der nächsten Möglichkeit links ⤳ auf dem roten Ziegelweg geradeaus durch das Wohngebiet ⤳ an der T-Kreuzung links in den **Wiesenweg** ⤳ an der

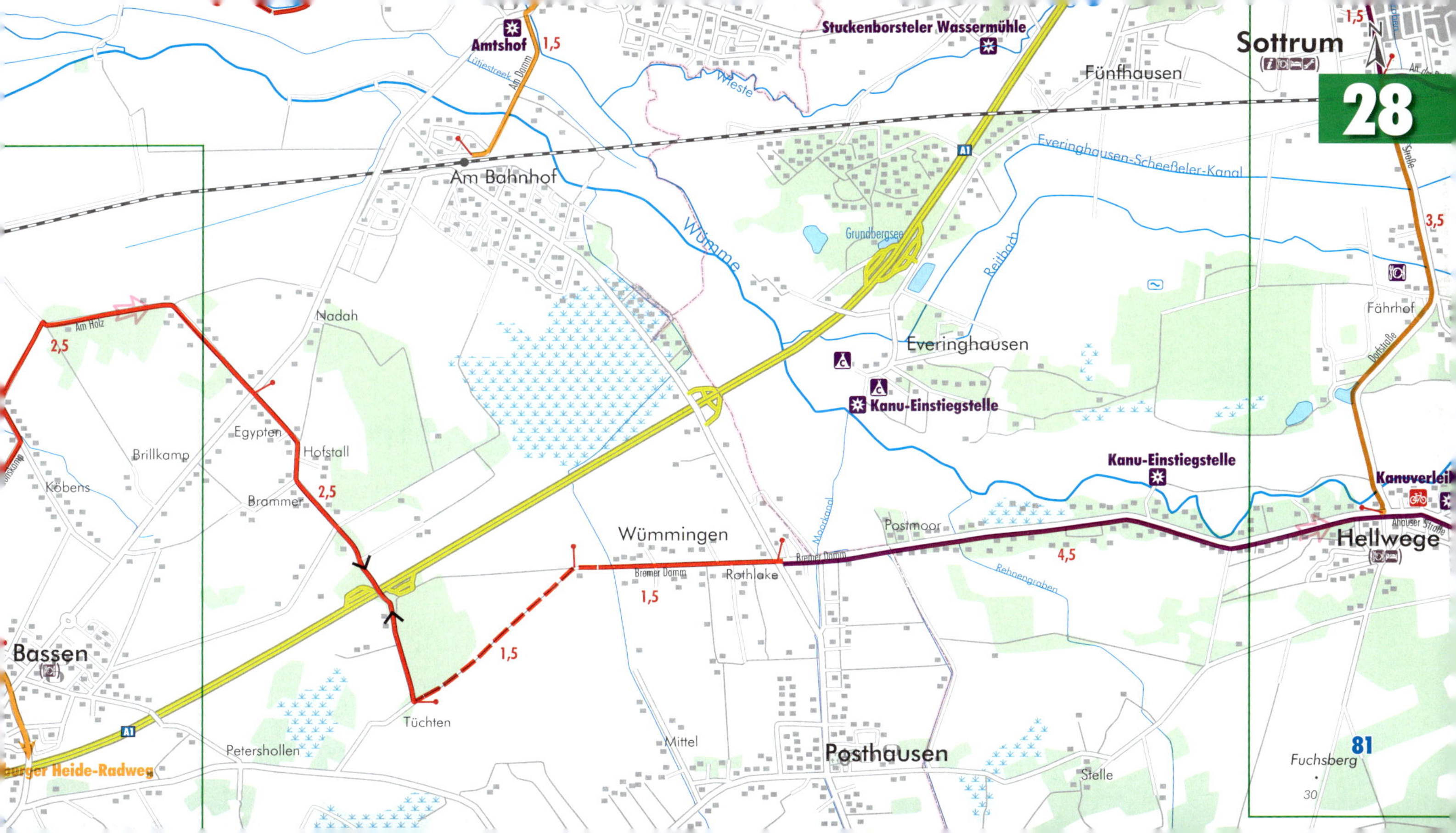

Amtshof
1,5
Stuckenborsteler Wassermühle
Sottrum
Fünfhausen
28
Am Bahnhof
Wieste
Wümme
Grundbergsee
A1
Everinghausen-Scheeßeler-Kanal
Reitbach
3,5
Fährhof
Am Holz
2,5
Nadah
Everinghausen
Kanu-Einstiegstelle
Egypten
Hofstall
Brillkamp
Köbens
Brammer
2,5
Kanu-Einstiegstelle
Kanuverleih
Wümmingen
Postmoor
Moorkanal
Bremer Damm
Rothlake
1,5
4,5
Rehnengraben
Hellwege
Bassen
1,5
Tüchten
Petershollen
Mittel
Posthausen
Stelle
Fuchsberg
30
81

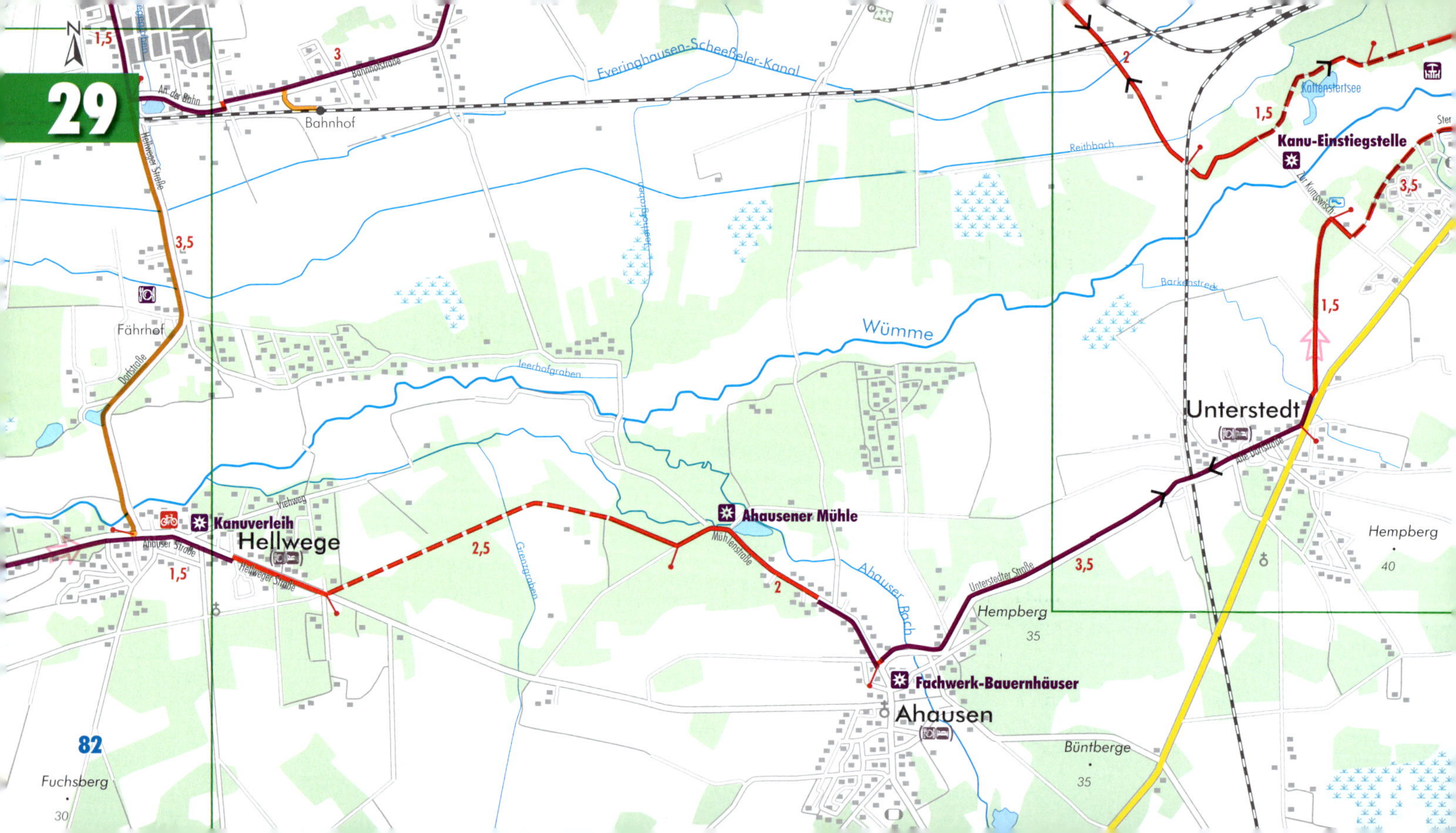
29
N
1,5
3
Bahnhofstraße
An der Bahn
Bahnhof
Everinghausen-Scheeßeler-Kanal
Hellweger Straße
3,5
Fährhof
Dorfstraße
Kanuverleih
Hellwege
Ahauser Straße
1,5
Hellweger Straße
Viehweg
2,5
Jeerhofgraben
Grenzgraben
Wümme
Ahausener Mühle
Mühlenstraße
2
Ahauser Bach
Fachwerk-Bauernhäuser
Ahausen
Unterstedter Straße
3,5
Hempberg
35
Büntberge
35
Unterstedt
Alte Dorfstraße
Hempberg
40
Barkenstreek
Reithbach
Kanu-Einstiegstelle
Zur Kumswisch
3,5
1,5
1,5
2
Kaltenstertsee
Fuchsberg
30
82

nächsten Möglichkeit rechts in eine Sackgasse ⤳ nach dem letzten Haus der Rechtskurve folgen ⤳ auf dem Radweg leicht bergauf ⤳ der engen Linkskurve folgen ⤳ links eine große Schule ⤳ hier endet der Radweg ⤳ geradeaus weiter auf der **Gerbestraße** ⤳ links beginnt ein Radweg ⤳ an der großen Vorfahrtsstraße links ⤳ weiter auf dem linksseitigen Radweg ⤳ auf dem Radweg in die **Burgstraße**.

Rotenburg (Wümme) **s. S. 18**

Tipp: Rechts von Ihnen befindet sich nun das Zentrum von Rotenburg (Wümme), geradeaus führt Sie ein Radweg bis zum Bahnhof zurück.

Sie haben nun das Ende Ihrer Radreise erreicht. Wir hoffen, Sie hatten einen erlebnisreichen und interessanten Radurlaub und freuen uns, dass Sie ein *bikeline*-Radtourenbuch als Begleiter gewählt haben.

Das gesamte *bikeline*-Team wünscht Ihnen eine gute Heimreise!

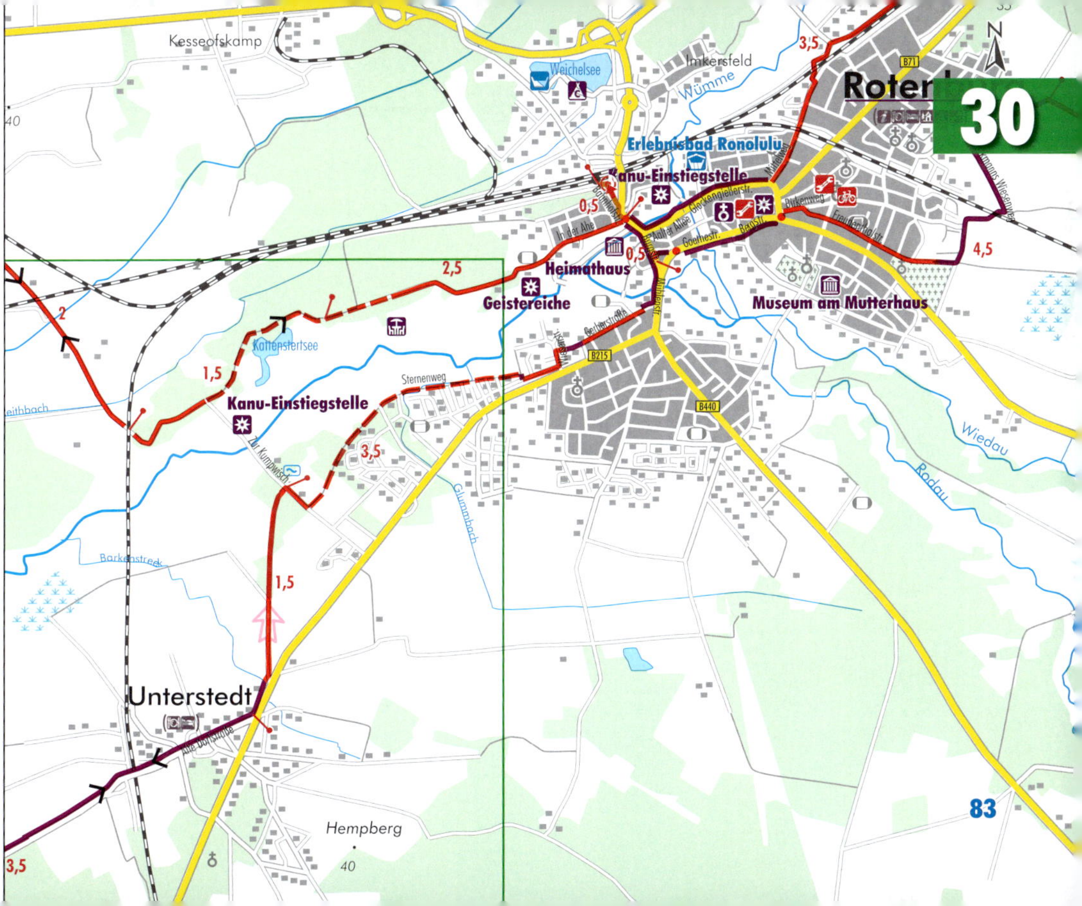

Bett & Bike

Bett & Bike

Alle mit dem Bett&Bike-Logo ()gekennzeichneten Betriebe sind fahrradfreundliche Gastbetriebe und Mitglieder beim ADFC-Projekt „Bett&Bike". Sie erfüllen die vom ADFC vorgeschriebenen Mindestkriterien und bieten darüber hinaus so manche Annehmlichkeit für Radfahrer. Detaillierte Informationen finden Sie in den ausführlichen Bett&Bike-Verzeichnissen – diese erhalten Sie überall, wo's *bikeline* gibt.

ADFC Allgemeiner Deutscher Fahrrad-Club

Übernachtungsverzeichnis

Dieses Verzeichnis beinhaltet folgende Übernachtungskategorien:

H Hotel
Hg Hotel garni
Gh Gasthof, Gasthaus
P Pension, Gästehaus
Pz Privatzimmer
BB Bed and Breakfast
Fw Ferienwohnung (Auswahl)
Bh Bauernhof
Hh Heuhotel
Jugendherberge, -gästehaus
Campingplatz
Zeltplatz (Naturlagerplatz)

Die Partner-Betriebe des Wümme-Radweges, die besonders fahrradfreundlich ausgestattet sind, haben wir zusätzlich mit dem Wümme-Radweg-Logo gekennzeichnet.

Die Auflistung erhebt keinen Anspruch auf Vollständigkeit und stellt keine Empfehlung der einzelnen Betriebe dar.

Die römische Zahl (I-VII) nach der Telefonnummer gibt die Preisgruppe des betreffenden Betriebes an. Wir möchten Sie jedoch darauf hinweisen, dass die angegebenen Preiskategorien dem Stand des Erhebungs- bzw. Überarbeitungszeitraumes entsprechen und sich von den tatsächlichen Preisen unterscheiden können.

Folgende Unterteilung liegt der Zuordnung zugrunde:

I unter € 15,–
II € 15,– bis € 23,–
III € 23,– bis € 30,–
IV € 30,– bis € 35,–
V € 35,– bis € 50,–
VI € 50,– bis € 70,–
VII über € 70,–

Die Preisgruppen beziehen sich auf den Preis pro Person in einem Doppelzimmer mit Dusche oder Bad inkl. Frühstück. Übernachtungsbetriebe mit Zimmern ohne Bad oder Dusche, aber mit Etagenbad, sind durch das Symbol nach der Preisgruppe gekennzeichnet.

Da wir das Verzeichnis stets aktuell halten möchten, sind wir für Mitteilungen bezüglich Änderungen jeder Art dankbar. Der einfache Eintrag erfolgt für die Betriebe natürlich kostenfrei.

Rotenburg (Wümme)

PLZ: 27356; Vorwahl: 04261

Touristikverband Landkreis Rotenburg (Wümme), Am Pferdemarkt 1, 81960

Informationsbüro der Stadt Rotenburg, Große Str. 1, ✆ 71100

H Hotel Am Pferdemarkt, Am Pferdemarkt 3, ✆ 94070, IV-V

H Das Stadtidyll, Freudenthalstr. 15, ✆ 630960, V

H Landhaus Wachtelhof, Gerberstr. 6, ✆ 8530, VII

Hg Veltri, Mühlenstr. 29, ✆ 84438, IV

P Schlake, Wittorfer Str. 20, ✆ 83492, IV

Pz Puppa, Neuenlanderstr. 26, ✆ 62967, II

Fw Gehnke, Hindenburgstr. 2, ✆ 2222

Jugendherberge Rotenburg an der Wümme, Verdener Str. 104, ✆ 83041

Am Weichelsee, ✆ 71100

Scheeßel

PLZ: 27383; Vorwahl: 04263

Gemeinde Scheeßel, Untervogtpl. 1, ✆ 93080

H Paga, Große Str. 24, ✆ 8966, IV

Gh Götze, Friedrichstr. 4, ✆ 1348, III

Pz Sendel, Königsbergerstr. 7, ✆ 2350, I-II

Pz Götze, Feldstr. 3, ✆ 1217, II-III

Pz Behrens, Alma-Rogge-Weg 4, ✆ 3946, II

Campingplatz Waidmannsruh, Helvesieker Weg 71, ✆ 1221

Scheeßel-Westervesede

PLZ: 27383; Vorwahl: 04263

P Borstel, Neustadt 6, ✆ 1788, II

Pz Baden, Neustadt 7, ✆ 1605, II

Scheeßel-Jeersdorf

PLZ: 27383; Vorwahl: 4263

Pz Ostenfeld, Luhner Weg 11, ✆ 8407, II

Lauenbrück

PLZ: 27389; Vorwahl: 04267

Alte Löweninsel, ✆ 355

Mobilheimpark Aukamp, ✆ 355

Stemmen

PLZ: 27389; Vorwahl: 04267

H Landgut Stemmen, Große Str. 12, ✆ 93040, V

Fintel

PLZ: 27389; Vorwahl: 04265

Verkehrsverein Fintel-Vahlde, Rotenburger Str. 10, ✆ 1329

P Tödter, Spitzen 9, ✆ 1515, I

Schneverdingen

PLZ: 29640; Vorwahl: 05193

Schneverdingen Touristik, Rathauspassage 18, ✆ 93800

H Ramster, Heberer Str. 16, ✆ 6888, IV-V

H Deutsches Institut für die Hund-Mensch-Beziehung, An der Brücke 30, ✆ 975323, V

H Landhaus Höpen, Höpener Weg 13, ✆ 820, VI-VII

H Haus Hubertus, Hansahlener Dorfstr. 17A, ✆ 6080, III-IV

H Schäferhof, Heberer Straße 100, ✆ 3547, V

H Der Heide Treff, Osterwaldweg 55, ✆ 8080, VI-VII

Hg Munder, Heinrich-Wahls-Str. 14, ✆ 800700, V

Hg Landhaus Heide, Grünstr. 23, ✆ 99170, III-IV

Gh Cohrs, Enge Str. 1, ✆ 1218, III

P Klaashof, Am Dorfteich 5, ✆ 1798, II-III

P Ingrid, Fritz-Reuter-Str. 5, ✆ 1214, IV

P Bleeken, Bundesstr.3 Nr. 67, ✆ 233, II

P Röhrs, Rotenburger Str. 29, ✆ 6121, II

P Holsten, Wintermoorer Str. 8, ✆ 388, III

P Meyer-Ahlers, Langelohsberg 5, ✆ 6604, II

P Die kleine Pension, An der Schule 5 - Insel, ✆ 7093, II-III

P Forstgut Einem, Im Naturschutzpark Lüneburger Heide, ✆ 283, III

P Schröder, Freudenthalstr. 6, ✆ 3434, II

P Eichenhof, Gallhorner Weg 9, ✆ 7125, I-II

Pz Lühmann, Schnackenbergstr. 11, ✆ 7156, II

Pz Krienke, Föhrengrund 27, ✆ 7348, II

Schneverdingen-Oberhaverbeck

PLZ: 29640; Vorwahl: 05198

H Stimbekhof, Oberhaverbeck 2, ✆ 98950, V

Schneverdingen-Höpen

PLZ: 29640; Vorwahl: 05193

P Höpen-Idyll, Höpen 3, ✆ 6042, III

Schneverdingen-Heber

PLZ: 29640; Vorwahl: 05199

H Hof Tütsberg, Im Naturschutzpark, ✆ 900, III

P Von Loh-Baden, Scharrler Str. 2, ✆ 422, II

Campingplatz Lüneburger Heide, Badeweg 3, ✆ 275

Schneverdingen-Reinsehlen

PLZ: 29640; Vorwahl: 05898

H Camp Reinsehlen, ✆ 9830, VI

Schneverdingen-Lünzen

PLZ: 29640 Vorwahl: 05193

H Landhotel Ehlers, Birkenhain 10, ✆ 98600, III-IV

Schneverdingen-Wesseloh

PLZ: 29640; Vorwahl: 04265

Gh „Zum Müden", Wesseloher Str. 29, ✆ 8549, III

P Forsthof Eggersmühlen, ✆ 1336, II-III

P Der Schnuckenhof, Wesseloher Str. 44a, ✆ 8274, II

Wintermoor-Barrl

PLZ: 29640; Vorwahl: 05198

H Hof Barrl, An der Bundesstr. 3, ✆ 351, III

Niederhaverbeck

PLZ: 29464; Vorwahl: 05198

H Landhaus Haverbeckhof, Niederhaverbeck 2, ✆ 98980, IV-V

H Haus Heidetal, Niederhaverbeck 10, ✆ 743, IV-V

H Menke, Niederhaverbeck 12, ✆ 330, V

P Hillmer, Niederhaverbeck 15, ✆ 210, II-III

Wilsede

PLZ: 29646; Vorwahl: 04175

H Wilseder Hof, Wilsede 2, ✆ 311, V

H Witthöft´s Gästehaus, ✆ 545, III-V

Undeloh

PLZ: 21274; Vorwahl: 04189

Verkehrsverein Undeloh und Umgebung, Zur Dorfeiche 27, ✆ 333,

H Witte´s Hotel, Zum Loh 2, ✆ 813360, IV-V

H Undeloher Hof, Wilseder Str. 22, ✆ 457, V

H Heiderose, Wilseder Str. 13, ✆ 311, V-VI

H Landhaus Undeloher Hof, Wilseder str. 17, ✆ 457, V

H Smes-Hof, Wilseder Str. 7, ✆ 234, III-V

Gh Heideschmiede, Heimbucher Str. 27, ✆ 81310, V-VI

P Forellenhof, Heimbucher Str. 36, ✆ 81310, V

P Tannenhof, Heimbucher Str. 17, ✆ 248, II-III

P Drews, Zur Dorfeiche 26, ✆ 351, II

P Garber´s Hof, Zur Dorfeiche 4, ✆ 452, II-III

Pz Hof Hartig, Wilsederstr. 6, ✆ 422

Pz Ferienhof Heins, Zur Dorfeiche 12, ✆ 541, III-IV

Wesel

PLZ: 21274; Vorwahl: 04189

H Gasthof Heidelust, Weseler Dorfstr. 9, ✆ 272, III

P Hillmers-Hoff, Weseler Dorfstr. 16, ✆ 271, II-III

Wehlen

PLZ: 21274 Vorwahl: 04189

P Peetshof, Wehlen 2, ✆ 230, I-II

Handeloh

PLZ: 21256; Vorwahl: 04188

Bürger- und Verkehrsverein Handeloh, Am Markt 1, ✆ 891011

H Fuchs, Hauptstr. 53, ✆ 414, IV

H Krögers Gasthof, Hauptstr. 33, ✆ 899191, III

P Johmshof, Wörmer Str. 7, ✆ 284, II

Pz Schmidt, Hauptstr. 14, ✆ 630, II

Handeloh-Inzmühlen

PLZ: 21256; Vorwahl: 04188

Pz Jobenshof, Im Seevegrund 1, ✆ 237, II

Hh Jobenshof, Im Seevegrund 1, ✆ 237

Jugendherberge Inzmühlen, Wehlener Weg 10, ✆ 342

Rotenburg-Waffensen

PLZ: 27356 Vorwahl: 04268

H Taranga, Zum Glockenturm 14-20, ✆ 93050, IV

Fw Ferienhaus Waffensen, Unter den Eichen 21, ✆ 9530290

Fw Wilma Doran, Auf den Spitzen 9, ✆ 783

Hassendorf

PLZ: 27367; Vorwahl: 04264

H Wolters, Rotenburger Str. 11, ✆ 758

Stürberg, Vor dem Stürberg 45, ✆ 9124

Sottrum

PLZ: 27367; Vorwahl: 04264

Samtgemeinde Sottrum, Am Eichkamp 12, ✆ 83200

H Panorama Hotel, Bremer Str. 30, ✆ 2503, IV

H Röhrs Gasthof, Bergstr. 18, ✆ 8340, IV-V

Hg Meißner, Am Umspannwerk 14, ✆ 370218

Gh Henke, An der Wieste 2, ✆ 2059

P Kuhr, Birkenweg 2, ✆ 587

P Lünzmann, Clüverstr. 14, ✆ 399174

Sottrum-Everinghausen

PLZ: 27367; Vorwahl: 04205

Grüner Jäger, Everinghauser Dorfstr. 17, ✆ 319113

Eikhöfe, Everinghausen 2, ✆ 430

Sottrum-Stuckenborstel

PLZ: 27367; Vorwahl: 04264

H Stuckenborsteler Hof, Stuckenborsteler Str. 68, ✆ 1240

Ottersberg

PLZ: 28870; Vorwahl: 04205

Flecken Ottersberg, Grüne Str. 24, ✆ 31700

H Haus Biederstaedt, Am Kindergarten 3, ✆ 8222, II-III

Fw Helberg, Alter Weg 23, ✆ 2926

Fw Schulze, Bremer Str. 5, ✆ 1493

Otterstedt

PLZ: 28870; Vorwahl: 04205

P Böschen´s Hof, Dieker Str. 9, ✆ 8426

P Gästehaus Petersen-Maack, Mühlenstr. 27, ✆ 779549, II

Fw „Ferien im Igelhaus", Igelweg 5, ✆ 1769

Fw „Alte Eichen", Mühlenstr. 16, ✆ 1242, II-III

Fischerhude

PLZ: 28870; Vorwahl: 04293

H Haus Berkelmann, Zum Dieker Ort 13, ✆ 344, V

Gh Bellmann´s Gasthof, Landstr. 1, ✆ 312, III-IV

Gh Zur Moorhexe, Wümmingen 12, ✆ 04297/205 II-III

Pz Brüning, Am Immberg 3, ✆ 7011, II-III

Pz Gätje, In der Bredenau 59, ✆ 7423, II

Pz Voß, Bodderweg 16, ✆ 7049, II

Pz Müller, In der Bredenau 79, ✆ 7455, II

Pz Müller, In der Bredenau 79, ✆ 579, II

Pz Blohm, Allerdorf 15, ✆ 04297/818184, II

Lilienthal

PLZ: 28865; Vorwahl: 04298

Gästeinformation Lilienthal, Klosterstr. 16, ✆ 929118

H Schomacker, Heidberger Str. 25, ✆ 93740, V

H Zum Lindenhof, Worphauser Landstr. 43, ✆ 915761, IV

H Hotel Rohdenburg, Trupermoorer Landstr. 28, ✆ 40090, V

Gh Zur Schleuse, Truperdeich 35, ✆ 2025, V

P Klostermoor, Am Saatmoor 23-25, ✆ 93690, IV

Pz Boccia, Klosterstr. 25a, ✆ 698220, II-III

Ritterhude

PLZ: 27721; Vorwahl: 04292

i Gästeinformation im Ritterhuder Veranstaltungszentrum, Riesstr. 11, ✆ 819531

H Zur Nordseite, Nordseite 1, ✆ 1358, V

H Jägerstuben, Struckbergstr. 23, ✆ 561, III-IV

Bremen-Vegesack

PLZ: 28757; Vorwahl: 0421

i City Marketing Vegesack, Gerhard-Rohlfs-Str. 59, ✆ 2223990

H Schulschiff Deutschland, Zum alten Speicher 15, ✆ 6587373, III

H Havenhaus, Am Vegesacker Hafen 12, ✆ 664093, V

H Strandlust, Rohrstr. 11, ✆ 66090, VI

H Vegesack, Lindenstr. 31, ✆ 667485, IV

Hg Atlantic, Sagerstr. 20, ✆ 66050, VI

Hg Vegesack, Gerhard-Rohlfs-Str. 54, ✆ 690150, III-IV

Bremen-Lemwerder

PLZ: 27809; Vorwahl: 0421

H Zur Fähre, Stedinger Str. 1, ✆ 675360, III-IV

Gh Altenescher Hof, Hauptstr. 20, ✆ 671706

P Haus Luna, St.-Veit-Straße ✆ 679777

P Lübken, Bardewischer Str. 25a, ✆ 67070

Bremen

PLZ: 28215; Vorwahl: 421

i Bremer Touristik-Zentrale GmbH, Findorffstr. 105, ✆ 01805/101030

i Bed&Breakfast Privatzimmervermittlung Walsroder Str. 2 ✆ 5360771

H Landgut Horn, Leher Heerstr. 140, ✆ 25890, V-VI

H Horner Eiche, Im Hollergrund 1, ✆ 27820, V

H Bremer Haus, Löningstr. 16, ✆ 32940, V

H City am Bahnhof, An der Weide 18, ✆ 3648052, V

H City Partner Residence, Hohenlohestr. 42, ✆ 348710, V-VI

H Columbus, Bahnhofspl. 5, ✆ 30120, VI

H Hilton Bremen, Böttcherstr. 2, ✆ 36960, VII

H ibis Altstadt, Faulenstr. 45, ✆ 30480, V

H ibis Centrum, Rembertiring 51, ✆ 36970, IV-V

H InterCityHotel, Bahnhofspl. 17, ✆ 16030, V-VII

H Lichtsinn am Park, Rembertistr. 11, ✆ 368070, V-VI

H Maritim & Congress Centrum, Hollerallee 99, ✆ 37890, VI-VII

H Park Hotel Bremen, Im Bürgerpark, ✆ 34080, VII

H Best Western Schaper-Siedenburg, Bahnhofstr. 8, ✆ 30870, V-VI

H Wolters, Alter Postweg 192, ✆ 4350077, IV-V

H Zum Kuhhirten, Kuhhirtenweg 5, ✆ 555337, V

H Ringhotel Munte am Stadtwald, Parkallee 299, ✆ 22022, VI

H Best Western Zur Post, Bahnhofspl. 11, ✆ 30590, V-VII

Hg Hotel Alte Neustadt garni, Große Johannisstr. 228-230, ✆ 598740, V

Hg Am Hillmannplatz 1, Hillmannpl. 1, ✆ 13258, V

Hg Apartmenthotel Rembertiring, Rembertiring 49, ✆ 3398676, II-IV

Hg Atlantik, Hastedter Osterdeich 205, ✆ 432700, III-V

Hg Bölts am Park, Slevogtstraße 23, ✆ 346110, IV-V

Hg Bremer Apartmenthotel, Hastedter Osterdeich 206, ✆ 4686972, III-IV

Hg Buthmann, Löningstr. 29, ✆ 326397, V

Hg Domizil-Pension, Graf-Moltke-Str. 42, ✆ 3478147, IV-V

Hg Hanseat, Bahnhofsplatz 8, ✆ 14688, V

Hg Gästehaus Walter, Buntentorsteinweg 86, 525950, II-III

Hg Krone, Hastedter Osterdeich 209, 443151, II-III

Hg Pension Weidmann, Am Schwarzen Meer 35, 4984455, II

Hg Rheinischer Hof, Löningstraße 30, 324746, V

Hg Stadt Bremen, Heinkenstraße 3, 949410, V

Hg Bremer Backpacker, Emil-Waldmann Str. 5-6, 2238057, II

Hg Townside Hostel, Am Doben 62, 78015

P Gästehaus Peterswerder, Celler Str. 4, 447101, III-IV

P Gästehaus Wüste Stätte 3, Stavendamm 9, 3378419, V-VI

P Höpkens Ruh, Oberneulander Landstr. 69, 205853, IV

Pz Privatzimmer am Werdersee, Buntentorsteinweg 260, 55900304

Jugendgästehaus Bremen, Kalkstr. 6, 163820

Camping am Stadtwaldsee, Hochschulring 1, 8410748

Oyten

PLZ: 28876; Vorwahl: 04207

Gemeindeverwaltung Oyten, Hauptstr. 55, 91400

H Langhans, Bachstr. 2, 909312, II

H Rennekamp, Hauptstr. 68, 916120, III-IV

H Fehsenfeld, Hauptstr. 50, 70060

H Im Wiesengrund, Schulstr. 1, 5913

H Schanze, Lindenstr. 10, 7450

P Am Markt, Hauptstr. 85, 7151

Pz „Im Heidort", Heidort 19, Oyten-Bassen, 5599, II-III

Oytener See, Oytener See-Str. 1, 2878

Hellwege

PLZ: 27367; Vorwahl: 04264

H Prüser´s Gasthof, Dorfstr. 5, 9990, IV-V

P Cohrs Hof, Viehweg 1, 702, II-III

P Eichenhof, Am Goldanger 10, 83990, III

Ahausen

PLZ: 27367; Vorwahl: 04269

H Ahauser Hof, Hauptstr. 11, 5208

Pz B&B Schubert, Ahauser Mühle 2A, 104685

Rotenburg-Unterstedt

PLZ: 27356; Vorwahl: 04269

H Waldhof, Unterstedt 26, 5343, III

H Bamans-Hof, Alte Dorfstr. 4, 5202, III

P Hof Grafel, Hof Grafel 2, Rotenburg, 04261/3211, III

Ortsindex

Einträge in *grüner Schrift* beziehen sich aufs Übernachtungsverzeichnis.

Auszug aus dem *bikeline*-Programm

Unser komplettes Programm finden Sie unter: www.esterbauer.com

Jakobs-Radweg
Ostseeküste Baltikum
Radatlas Eifel
Radatlas Neuseeland
Kocher-Jagst-Radweg
Lahntal-Radweg
Ostseeküsten-Radweg
Radatlas Pfalz
Drei Täler-Radweg
Radatlas Berchtesgadener Land
Radatlas Bretagne
Radatlas Elsass
Deutsche Fehnroute
Rund ums IJsselmeer
Kamp-Thaya-March-Radweg
Limfjord-Route
Fünf-Flüsse
Niederlausitzer Bergbautour
Deutsche Burgenstraße
Ems-Radweg
Frosch-Radweg
Iller-Radweg
Radatlas Kärnten
Radatlas Mallorca
100 Schlösser im Münsterland
Radatlas Burgenland
Radatlas Donau-Allgäu
Enns-Radweg
Fulda-Radweg
Inn-Radweg
Leine-Radweg
Radatlas Masuren
Aare-Radweg
Nahe-Radweg
Radfernweg Berlin-Usedom
Radatlas Provence
Rhone-Radweg
Saar-Radweg
Spree-Radweg
Radatlas Waldviertel
Radatlas Brandenburg
Nordseeküsten-Radweg
Oder-Neiße-Radweg
Europa-Radweg R1
Radatlas Berlin
Schwäbische-Alb-Radweg
Tour de Baroque
Radatlas Weinviertel
Radatlas Brandenburg
Nordseeküsten-Radweg
Radatlas Ost-Friesland
Main-Tauber-Fränkischer Rad-Achter
Ruhrtal-Radweg
San Francisco Bay Trail
Radatlas Toscana
Werratal-Radweg
bikeline
Radkarte Weinviertel
Radkarte Salzkammergut
Radkarte Mostviertel
Radkarte Burgenland Nord
Radkarte Vorarlberg
Radkarte Kärnten West
Radkarte Kärnten Ost
Radkarte Elsass Nord
cycle map Radkarte Mallorca
Radkarte Mecklenburgische Seen
Radkarte Münsterland
Radkarte Kamptal
Retzer Land
Radkarte Oberbayerisches Alpenvorland
Radkarte Waldviertel Wachau
Radkarte Mühlviertel
Burgenland Süd